Thomas Sonnenburg & Simone Winkelmann

VOM STREET-WORKER UND COACH

DIE AUSREISSER >>

DER WEG ZURÜCK <<<<<<

Krisen erkennen > Strategien entwickeln > Handeln

Mosaik bei GOLDMANN

Impressum

Mix
Produktgruppe aus vorbildlich bewirtschafteten Wäldern, kontrollierten Herkünften und Recyclingholz oder -fasern
FSC
www.fsc.org Zert.-Nr. SGS-COC-004278

Verlagsgruppe Random House GmbH FSC-DEU-0100
Das für dieses Buch verwendete FSC- zertifizierte Papier *Eurobulk* von Biberist liefert Papier Union.

1. Auflage Januar 2010

RTL

Mosaik bei
GOLDMANN

Koordination zwischen den Medien:
Sylvia Breuing (RTL Interactive) und Monika König (Mosaik bei Goldmann)
Gestaltung von Cover und Layout: Anja Laukemper
Coverfotos: Thomas Köhler
Redaktion: Beatrix Kunkel
Reproduktion: Lorenz & Zeller, Inning a. A.
Druck und Bindung: Tesinska tiskarna, a.s., Cesky Tesin
Printed in the Czech Republic
ISBN 978-3-442-39185-1

www.mosaik-goldmann.de

INHALT

Vorwort

Schnorren, Punks, Abrisshäuser, Pöbeln – wollen das die Menschen zur besten Sendezeit im Fernsehen sehen? Stört das nicht die Ästhetik? Bringen diese Themen Entspannung, Unterhaltung und Spaß? All das und noch vieles mehr ging mir vor der Ausstrahlung der ersten Staffel durch den Kopf. Meine pädagogische Arbeit, die ich über so viele Jahre auf den Straßen Berlins ausgeübt habe, sollte plötzlich im Mittelpunkt eines neuen Coachingformats über die Arbeit eines Streetworkers beim Fernsehsender RTL stehen. Einerseits war ich motiviert, diesen Jugendlichen eine Stimme zu geben, mit einer anderen Sichtweise ihrem Schicksal eine neue Richtung zu ermöglichen und sie aus der Anonymität ihrer Existenz als Straßenkinder zu holen. Andererseits war ich skeptisch, ob diese Art von realistischer Darstellung wirklich bei den Menschen da draußen ankommt.

Als die ersten Folgen der Serie »Die Ausreißer« im Fernsehen zu sehen waren, überschlugen sich Zeitungsjournalisten und Talkshowmoderatoren bei der Einschätzung und Kritik dieses Formats. Ob sich RTL der politischen Tragweite seines »Babys« bewusst war, habe ich nie hinterfragt. All diese Überlegungen wurden dann urplötzlich und realistisch überschattet vom unerwarteten und tödlichen Unglücksfall eines der Jugendlichen, mit denen ich gearbeitet hatte. Der Schock saß tief. Dabei stand und steht für mich immer im Mittelpunkt: Ich mache nur, was ich vor mir und meinem Gewissen vertreten kann. Weder nachgestellte Szenen noch unrealistische Maßnahme zum Vertrauensgewinn bei den Jugendlichen kommen für mich bei der Fernseharbeit infrage. Stattdessen stehen für mich die fachliche Begründbarkeit und moralische Unbedenklichkeit im Fokus. Genau diese ehrliche und lebensnahe Darstellung war am Ende das Erfolgsrezept. Eltern von Jugendlichen, die von zu Hause weggelaufen sind, melden sich seit einiger Zeit von sich aus bei mir und möchten mit mir zusammenarbeiten. Das motiviert mich und macht mir Mut, den richtigen Weg eingeschlagen zu haben.

In diesem Buch möchte ich darüber schreiben, wie schmal der Grat ist zwischen einer realistischen Darstellung des Lebens auf der Straße, dem Wunsch des Senders, erfolgreich zu sein, und den eigenen Ansprüchen an meine Arbeit. In fünf ausgewählten Fallbeispielen will ich aufzeigen, wie Jugendliche durch eigenes Handeln oder auch oft unverschuldet in besondere Lebenssituationen kommen. Die daraus resultierenden Erkenntnisse fasse ich anschließend in einem Ratgeberteil mit praktischen Hinweisen zu pädagogischem Handeln von Erwachsenen und Eltern zusammen.

Berlin, November 2009

Thomas Sonnenburg

EINLEITUNG

>> Streetwork und die Entwicklung des TV-Formats

Spannend war diese Aufgabenstellung von Beginn an! Am Anfang stand, wie fast immer, bloß eine Idee. Als klar wurde, dass die Medien sich der Problematik Straßenkinder in Deutschland wiederholt annehmen wollten und dass dieses Mal der Versuch konkret wurde, hinter die Kulissen sozialer Arbeit zu schauen, erntete die Journalistin einer Berliner TV-Produktionsfirma vor allem aus der Sozialarbeitergilde viel spöttisches Lächeln, zynische Reaktionen und Ablehnung. Die Verantwortlichen eines großen Fernsehsenders dagegen, die Kollegen der RTL-Redaktion »Comedy« (kurioserweise eine Redaktion mit anderen erfolgreichen Coachingformaten wie »Super Nanny« und »Raus aus den Schulden«), horchten auf und waren interessiert.
Sie erkannten ziemlich schnell das Potential dieser Idee.
Das Grundkonzept zu diesem Zeitpunkt war, Straßenkinder medial zu begleiten. Man wollte zeigen, was Straßenkinder sind, wie sie leben, welche Probleme sie haben und wie sich die Auswüchse des Sozialstaates auf sie auswirken. Das Thema ist spannend, das Thema hat politische Brisanz, das Thema hat das Zeug zu guten Quoten. Doch es sollte nicht nur abgebildet, nicht nur »das Elend« gezeigt und nicht nur »draufgehalten« werden. Das hatten andere auch schon gemacht, und es versprach wenig neuen Erfolg in der Welt des Fernsehens. Also fiel die wichtigste Entscheidung in der Konzeption der neuen Sendung, die für einen Host. Ein Protagonist musste gefunden werden, der all das »Spannende in der Welt der Straßenkinder« als Hauptperson begleitet, der weiß, wovon er spricht und was er tut, der glaubhaft ist in seiner Art und in seiner Arbeit. Wie viele Sozialarbeiter, Kolleginnen und Kollegen, in Deutschland gecastet wurden, weiß

ich bis heute nicht. Beim Antrittsbesuch einer freien Journalistin bei Gangway e.V., dem Verein für Straßensozialarbeit in Berlin und größtem Träger für Straßensozialarbeit in Deutschland, mit der Idee, das neue Format vorzustellen, hatte ich das erste Mal persönlich Kontakt mit meiner zukünftigen Chefredakteurin. Auch ich erzählte ihr, wie so viele andere Kollegen, wer ich bin, wie ich mit den Jugendlichen arbeite, welche Methoden ich bei meiner Arbeit favorisiere und vor allem, welche Berufserfahrung ich hatte. Nach mehreren Monaten der internen Entscheidung in den Gremien bei RTL waren am Ende zwei Protagonisten in der engeren Auswahl übriggeblieben. Aus diesem Duo fiel die Wahl auf mich.

Der Auftrag war nun, einen Pilotfilm zu machen, der in einer senderinternen Marktforschungsstudie einem »Forschungspublikum« vorgestellt werden sollte. Ziel dieses Beispielfilms war, Erkenntnisse darüber zu liefern, wie erfolgreich solch ein neues Fernsehformat in der Zukunft sein würde und auf welchem Sendeplatz, zu welcher Uhrzeit es bei RTL laufen sollte.

»Mein Gott, was für eine Maschinerie setzten die Verantwortlichen in Gang. Der Druck wurde größer.«

Eine Entscheidung treffen

Ich kann heute nicht mehr sagen, wie lange ich tatsächlich mit der Entscheidung schwanger ging, ob ich diesen Job tatsächlich machen soll und unter welchen Bedingungen ich ihn annehme. Was kann ich fordern? Was erwartet mich in der neuen Welt der Medien? Wie weit darf ich mich als Fachmann einbringen und welches Mitspracherecht habe ich? Wie hoch ist der finanzielle Wert einer Hauptrolle in einem solchen Fernsehformat? Was passiert mit den Kindern, Jugendlichen und Heranwachsenden bei einer medialen Begleitung? Was sagen meine Kolleginnen und Kollegen zu meiner Entscheidung? Was tue ich, wenn die ganze Sache floppt? Wer berät mich? Diese und noch ganz andere Gedanken haben mich sehr beunruhigt und mich dennoch auch getrieben. Ich selbst fand die Idee, nach so vielen Jahren praktischen Wirkens zeigen zu können, was und wie ich arbeite, spannend, und ich sah die reale Chance und Möglichkeit, mein Arbeitsumfeld und meinen Job als Streetworker öffentlich zu machen.

Zu guter Letzt war es 2006 mein damals 14-jähriger Sohn, der zu mir sagte: »Papa, wenn du deinen Job so machst wie immer und wenn du bleibst wie immer, dann mach es einfach. Dann versuch dein Glück!« Wichtig waren in dieser Phase der Entscheidung aber auch meine besten Freunde. Darunter sind einige, die schon seit Jahren in der Medienbranche arbeiten. Sie haben mir zugehört, mich beraten, mir Mut gemacht, mich aber auch immer wieder auf die Schattenseiten des oft »schmutzigen« Geschäfts Fernsehen hingewiesen.

»Ich war also gewarnt und vorbereitet. Doch ich hatte trotzdem keine Ahnung.«

Die Geschäftsführerin meines bisherigen Arbeitgebers Gangway e.V. in Berlin ließ mir eine Hintertür offen. Sie war es, die mich in Absprache mit meinen Teamkollegen für eine befristete Zeit unbezahlt zur Produktion des Pilotfilms von meiner Arbeit als Streetworker in den Straßen Berlins freistellte und mich mit Ratschlägen und Hinweisen fachlich begleitete. Ihr Vertrauen in die Richtigkeit meiner Entscheidung trug wesentlich dazu bei, dass ich in meiner Arbeit für das Fernsehen viel unverkrampfter und entspannter wurde.

Trotzdem ließ ich mich von einem Anwalt für Medienrecht vertreten. Zu unsicher erschien mir das Feld meines Agierens, zu sensibel fand ich selbst mein Tun, zu sehr war ich in brenzligen Situationen fast schon grenzüberschreitend im Einsatz. Ich wollte mich absichern, so gut es ging, und brauchte einen Vertrauten, der in der Lage war, meine Interessen zu vertreten. Jemand, der mir Sicherheit gab und eintrat für meinen klaren Standpunkt zu Fragen meiner eigenen Fachlichkeit, der professionellen Einstellung gegenüber den mir anvertrauten Jugendlichen sowie meines Anspruchs an die Seriosität und Machbarkeit meines Agierens vor der Kamera.

»Ich gebe zu, ich hatte zu Beginn meiner Fernsehtätigkeit oft Angst. Damals hatte ich meinen Platz noch nicht gefunden.«

Streetwork im Fernsehen

Und dann war er da, der erste Fall!
Vor mir stand, im November des Jahres 2006, auf dem Hamburger Hauptbahnhof ein 16-jähriger junger Mann. David hatte große Probleme. David nannte sich Fuchs und war genau das, was sich die Fernsehmacher gewünscht hatten. Unangepasst, rebellisch, aufmüpfig. Er lebte als Punk auf der Straße, schlief in Fußgängertunneln und schnorrte schräg gegenüber der berühmten Davidwache direkt auf dem Hamburger Kiez. David hatte seit vielen Jahren Zoff mit seiner Mutter in der hessischen Provinz und bot die Fallhöhe, die Bilder und das Drama, das die Menschen vor den Bildschirmen so spannend finden würden.

Ja, und ich, was sollte ich jetzt machen? Ich tat das, was ich konnte. Ich versuchte, zu dem Menschen David Vertrauen aufzubauen, ich verbrachte Zeit mit ihm, ich gab ihm ein Stück Zuversicht, ich habe hinterfragt, ohne zu werten, und ich motivierte ihn, neu zu überlegen. Wir wurden ziemlich schnell ein Team. Die erste Zerreißprobe erlebte die gemeinsame Arbeit in den Situationen, als die Kamera ganz dicht an ihm dran war, als die Redakteurin sehr intime Fragen stellte, als David in seine Seele blicken lassen sollte. In diesen Grenzsituationen, wenn dem Zuschauer deutlich wird, was eigentlich in diesem jungen Leben schiefgelaufen ist, schreit in mir, seinem Betreuer, Beschützer und Begleiter, alles laut auf.

»Was kann ich vertreten? Wie weit lasse ich Kamera plus Kameramann und Tonassistent in den brenzligen Szenen an David ran? Welche Fragen von außen lasse ich überhaupt zu?«

Jeder neue Tag war für mich ein Erkenntnisgewinn in der Weiterentwicklung des Fernsehstreetworkers. Ich erkannte schnell, dass die Arbeitstage ohne Kamera die entscheidenden wurden. An diesen Tagen legte ich die Grundlage für unser gemeinsames Verhältnis, das später vor der Kamera so vertraut und authentisch aussah.

Die Arbeitstage ohne Kamera sind entscheidend

David und ich arbeiteten einige Monate zusammen. Fuchs wollte von Hamburg nach Berlin ziehen, er wollte in die Hauptstadt. Glücklicherweise bekam er sehr schnell einen Platz in einer sozialpädagogischen Kriseneinrichtung im Prenzlauer Berg, einer Einrichtung, die ich bereits sehr lange aus meiner Arbeit als Streetworker für Gangway e.V. kannte. David lernte neue Bezugspersonen kennen – der inzwischen fast 17-jährige junge Mann aus Hessen wurde Berliner. Irgendwann nach der Eingewöhnungszeit in der Kriseneinrichtung bekam Fuchs eine betreute Wohnung. Ich konnte den Fernsehfall David abschließen, als Vertrauensperson und Ansprechpartner blieb ich ihm auch weiterhin erhalten. Die Beziehung zu seiner Mutter und der Familie hatte eine neue Qualität, sein Leben bekam wieder Sinn und Struktur.

Das dachten alle, die ihn kannten und keine andere Entwicklung an David bemerkten, so wie ich.

Ein Jahr nach den Dreharbeiten und drei Tage vor seinem tödlichen Unfall, einer menschlichen Tragödie ohnegleichen, hatten wir noch gemeinsam seine unmittelbare Zukunft geplant. David wollte ein Praktikum auf einem Abenteuerspielplatz im Berliner Prenzlauer Berg machen. Doch dazu kam es nie, denn David wurde einen Tag vor seinem 18. Geburtstag stranguliert an einem Heizungsrohr in seiner Wohnung am Helmholtzplatz von seinem Betreuer gefunden.

»In diesem Moment brach auch für mich eine Welt zusammen. Scheiße, David war tot.«

Für mich nicht der erste Jugendliche, den ich über meine Arbeit kennengelernt hatte und der für sich beschloss, diesen Weg zu gehen. Aber es war »mein« David, der junge Punk, den Millionen Menschen vom Fernsehen her kannten. War seine Entscheidung die logische Konsequenz aus der gemeinsamen Fernseharbeit? War ihm der Druck zu viel geworden? Hatte Fuchs viel größere Probleme, als seine Betreuer und ich sie jemals in ihrer ganzen Tragweite erkannt hatten?

Ein kompetenter Background für den Frontmann

Unmittelbar nach Auswertung der Marktforschungsstudie zum David-Film gab es den offiziellen Startschuss für die Produktion der »Ausreißer«. Das Format sollte in Serie gehen. Doch ich fühlte mich alleingelassen. Ich musste mich besinnen, musste meine Fragen stellen dürfen, ich wollte Antworten. Ich entschied mich, meine Kollegin Simone Winkelmann zu fragen, ob sie mich in der weiteren Arbeit als Fernsehstreetworker unterstützen wollte. Ich brauchte eine loyale Partnerin, und ich wusste um ihre Qualitäten als Sozialarbeiterin. Das Aufgabenfeld, die Verantwortung und die neuen beruflichen Anforderungen bei der Weiterentwicklung vom Streetworker zum Familiencoach schrien geradezu nach Zusammenarbeit und fachlichem

Austausch. Zusammen haben wir das Anforderungsprofil ihres Jobs als Coach erarbeitet und sowohl die Redaktion in Berlin als auch RTL in Köln von der Notwendigkeit dieser zusätzlichen personellen und fachlichen Ressource überzeugt. Der Sender entschied unkompliziert und schnell, sodass Simone ab diesem Zeitpunkt das Fachcoaching für mich und das gesamte Team der »Ausreißer«-Redaktion übernommen hat. Die Beantwortung der oben aufgeworfenen Fragen zu David ist mir in ihrer Komplexität nicht möglich. Ich weiß aber, dass David in mir einen Menschen fand, zu dem er Vertrauen hatte, vielleicht mehr Vertrauen als zu allen anderen vorher. In der kurzen Zeit unseres Miteinanders gelang es mir jedoch nicht, Davids unterentwickeltes Selbstbewusstsein soweit aufzubauen, dass er beispielsweise den Mut gehabt hätte, mit mir über seine innersten Probleme zu sprechen. Diese Erkenntnis wurde seit Davids frühzeitigem Tod zu einem meiner Leitmotive:

»Niemals darf ich in meiner Tätigkeit vergessen, dass die jungen Menschen bereits vor unserem Zusammentreffen ganz viele unterschiedliche Lebenserfahrungen gemacht haben, die sie sehr beeinflusst und geprägt haben.«

Somit habe ich auch stets nur begrenzten Raum, Zeit und Intensität für die direkte Arbeit mit den Jugendlichen zur Verfügung. Exakt diese Dimensionen kann ich als Ressourcen nutzen, mehr nicht.

Selbstdarstellung, Voyeurismus oder reale Darstellung einer Randgruppe

Es ist für jede Familie tragisch,ein solches Unglück wie das Davids zu erleben und zu verarbeiten. Doch zu wissen, dass der eigene Sohn sich unter der Drauf- und Ansicht einer breiten Fernsehöffentlichkeit so positiv entwickelt hat, und er dann doch mit einer ureigenen, vielleicht ganz bewussten und klaren Konsequenz seinem Leben ein Ende bereitet, das ist nicht nur tragisch, das hinterlässt eine tiefe

Ohnmacht. Davids Mutter hat mir persönlich niemals einen Vorwurf gemacht. Im Gegenteil, sie ist an die Öffentlichkeit gegangen und hat allen »Besserwissern«, allen »Klugscheißern« und allen Kritikern mitgeteilt, was ich für ihren Sohn als Bezugsperson geleistet und was ich David bedeutet habe.

»Diese klare und eindeutig positive Haltung hat mich darin bestärkt, weiterzumachen und das einmal Begonnene fortzuführen.«

Was ist von dieser Erfahrung um Davids Schicksal geblieben? Vor allem Respekt. Noch mehr Achtung vor den Lebensgeschichten, vor den Persönlichkeiten, mit denen ich arbeite, vor den Wünschen und Hoffnungen der jungen Menschen. Der sinnlose Tod Davids hat wachgerüttelt. Auch diejenigen in der Branche oder in verantwortlichen Positionen in der Redaktion und im Sender, die bisher vielleicht eher unprofessionell und oberflächlich im Tagesgeschäft agiert haben, die gedacht haben, es entstehen Filme für die beste Sendezeit und mehr nicht. In aller Brutalität und Deutlichkeit wurde jetzt jedem klar, der sich damit auseinandersetzte oder auseinandersetzen musste: Hier passiert das tatsächliche Leben, hier findet die Realität statt. Die Problematik dieser Jugendlichen rückt in den Fokus einer breiten Öffentlichkeit! Aber diese Öffentlichkeit schockt nicht nur, sie zeigt auch Wege auf, sie benennt Probleme in Familien und der Gesellschaft und sie macht Mut.

Geblieben sind aber auch unterschiedlichste Fragestellungen:

- Ist es notwendig, diese Schicksale im Fernsehen zu zeigen?
- Warum muss eine breite Öffentlichkeit teilhaben an diesen Geschichten?
- Weshalb gehen Menschen mit ihren Schicksalen an die Öffentlichkeit?
- Und wie kann man als subjektiv Betroffener Antworten geben, wenn jeder Leser sofort sagt: Ach ja, nun legitimiert der Sonnenburg sein eigenes Tun.

Ich versuche eine Erklärung

Immer mehr Familien haben bereits vor dem ersten Kontakt zu mir oder unserem Team ihre – teilweise sehr negativen – Erfahrungen mit den Jugendhilfestrukturen in unserem Land gemacht. Sie sind an Grenzen gestoßen, haben sich und ihr Problem nicht verstanden gefühlt, sind ämtermüde und enttäuscht. Andere sind von der Exklusivität des Hilfs- und Unterstützungsangebots bei den »Ausreißern« überzeugt. Es gibt auch Hilfesuchende, die sich sicher sind, dass ihr Gang an die Öffentlichkeit anderen Menschen Mut macht, es ihnen gleich zu tun, und dass eine solche Öffnung Raum für Entwicklung bietet. Sie lässt einen Einblick in Strukturen zu und kann deutlicher machen, was, wo, wann und wie schiefgelaufen ist.

»Meine bisherigen Erfahrungen zeigen mir, dass man einen Zustand schonungslos zeigen muss, um wirklich etwas daran zu verändern.«

Nicht in der Art und Weise, dass die Menschen, mit denen ich arbeite, ihre Würde und ihren Stolz verlieren, aber in aller Deutlichkeit. Nur dann wird allen Beteiligten und nicht zuletzt dem Zuschauer klar, was hier eigentlich passiert ist, wo die Ursachen für Verhalten jeglicher Art liegen, welche Gründe es für das Gehen individueller Lebenswege gibt. Die Arbeit im Fernsehen erfordert ein enormes Maß an selbstkritischer Weitsicht für die Tragweite aller Entscheidungen und ein politisch korrektes Verhalten. Nicht die plumpe Darstellung einer bestimmten Situation im Leben des Jugendlichen steht im Fokus meines Agierens, nein, es ist der Weg, den der Jugendliche geht. Am Anfang meiner Arbeit versuche ich immer, ausgehend von einer bestimmten Fallhöhe, den Prozess der Veränderung darzustellen. Ehrlichkeit ist dabei wichtig. Ich will Niederlagen auf allen Ebenen zeigen, um diese als Entwicklungsantrieb für Neues zu nutzen. Das Offenlegen von Problemen auf diesem Weg der Erkenntnis hat seine Berechtigung und kritische Auseinandersetzung gehört dazu. Dass gerade aber auch dieses schonungslose Zeigen im Fernsehen die Voyeuristen auf den Plan ruft, lässt sich nicht vermeiden. Natürlich wird es immer wieder Menschen geben, die sich mit ihrer ureigensten Arroganz von den gezeigten Schicksalen entfernen und nur glotzen.

»Ich möchte aber nicht zusehen. Ich möchte verändern.«

Klar, das geht nur in ganz langsamen Schritten und auch nur in ganz kleinen Teilen und an bestimmten Stellen, aber es funktioniert.
Es geht beispielsweise dann, wenn ich als Fachmann über das RTL-Format hinaus in Talkshows oder öffentlichen Fachdiskussionen die Möglichkeit bekomme, von meinen Erfahrungen zu berichten und Sozialarbeit als das, was es ist – nämlich Beziehungsarbeit –,

Sozialarbeit rückt in den Fokus der Öffentlichkeit

begreifbar zu machen. Oder wenn ich mithelfen kann, als öffentliche Person den Finger draufzulegen auf die Stellen, die es lohnt zu überdenken, zu verändern und umzugestalten. Schwierig wird es immer dann, wenn Thomas Sonnenburg, der »Fernsehstreetworker«, als Sinnbild für die Rettung ganzer Teile der Gesellschaft, die abzudriften drohen, gesehen wird. Das hier ist kein Größenwahn meinerseits, ganz bestimmt nicht. Doch die Zuschriften im Kummerkasten meiner Homepage und durch das dortige Kontaktformular könnten in ihrer Problembenennung nicht vielschichtiger und bunter sein.
Als Fachmann für die »Stillproblematik« zwei Monate alter Säuglinge scheine ich ebenso anerkannt wie als »Sexualtherapeut« einer 35-jährigen Frau, die Probleme mit ihrem 21-jährigen Liebhaber hat. Das ist einerseits die Gefahr in diesem Job, andererseits macht es deutlich,

wie die Menschen in unserem Land auf Unterstützung angewiesen sind, auf Ratschläge bauen und wie sehr sie Hilfe suchen.

»Wenn es mir gelingt, in meiner Profession als TV-Coach einen Anteil zu leisten, dass die gesellschaftsrelevante Arbeit des Sozialarbeiters in seiner Komplexität in Deutschland aus einer Nische in den Blickpunkt der Menschen rückt, wenn Jugendliche, mit denen ich arbeite, einen Namen und eine Geschichte bekommen, und wenn es gelingt, sensibler im Umgang miteinander zu sein, dann ist das mehr, als ich mir jemals vorgestellt habe.«

>> Das Fernsehgesicht und der Mensch dahinter

Die prägenden Bezugspersonen meiner Kindheit

In den letzten zwei Jahren wurde ich immer wieder in Talkshows, auf meiner Homepage und natürlich im Alltag auf der Straße befragt. Die Fragen waren immer ähnlich.

>> Wie, Herr Sonnenburg, schaffen Sie einen solchen Job?
>> Wie kannst du so ruhig bleiben, Thomas?
>> Was qualifiziert Sie für die Arbeit mit den Jugendlichen?
>> Tommi, wie hältst du das alles eigentlich aus?
>> Wie kommen Sie mit dem Schicksal der jungen Menschen klar?

Wie soll ich das jetzt beantworten?
Hier ein Versuch. Dabei blicke ich gerne zurück in meine eigene Kindheit. Ich selbst hatte eine sehr engagierte Mutter und zwei tolle Omas. Meine Urgroßmutter Marie und vor allen Dingen meine Oma Lola waren wunderbare Menschen, die mich nachhaltig geprägt haben. Meine Mutter zog meinen Bruder und mich alleine groß. Das war nicht immer einfach, nicht für sie und natürlich auch nicht für uns Jungs. Mir hat immer der Vater gefehlt. So weiß ich von Phasen

in meinem damals noch jungen Leben, als ich meine Mama bat, doch bitte unbedingt mal einen Papa mit nach Hause zu bringen. Ja, es gab Versuche, doch der richtige Mann für meine Mama und für uns Brüder war nie dabei. In Erinnerung geblieben ist mir aber, dass ich gerne Kind war. Dass ich viel Liebe erfuhr, dass ich mich sehr aufgehoben und behütet gefühlt habe. Meine Urgroßmutter zum Beispiel hat mir während des Schlafs immer Zettel auf mein Bett gelegt und mir so die Fußballergebnisse der 74er Weltmeisterschaft mitgeteilt. Sie hat sich sogar soweit mit meinem Hobby auseinandergesetzt, dass sie mir u.a. den Namen des Torschützen Lato, eines der ganz Großen des polnischen Fußballs, aufgeschrieben hatte. Diese Aktion, diese Einstellung, das sich Draufeinlassen meiner alten Oma auf meine Fußballverrücktheit hat sich mir bis heute eingeprägt. Das war ein Alleinstellungsmerkmal meiner Omi, kein anderer Junge aus der Klasse hatte diesen Service zu Hause.

»Warum ich das jetzt an dieser Stelle schreibe? Weil ich in diesen Phasen, bereits ganz früh in meinem Leben, erfahren habe, wie wohltuend es als Kind ist, wenn sich Erwachsene auf seine Wünsche und Bedürfnisse einlassen.«

An meiner Erziehung hatten viele Jahre lang die Großmütter und meine Mutter fast im Gleichklang ihren Anteil. Ich wuchs sowohl bei meiner Mutter als auch bei meinen Großmüttern auf. Die Unterschiedlichkeit beider Lebenswelten konnte größer nicht sein. Zu Hause gab es keinen Fernseher, meine Mutter war, als Bibliothekarin auch logisch, eine Verfechterin des frühen Lesens. Jeden Abend gab es eine Geschichte. So bestimmten beispielsweise alle Ausgaben der fantastisch märchenhaften Smaragdenstadt-Bücher (der Harry Potter der DDR) von Alexander Wolkow meine Kindheit. »Der schlaue Urfin und seine Holzsoldaten«, »Der Zauberer der Smaragdenstadt« und »Die sieben unterirdischen Könige« bereicherten meinen Alltag und beflügelten meine Phantasie. Bei meinen Omis hatte ich das Kontrastprogramm. Dort durfte ich fernsehen, dort durfte ich im Wochenendhaus sein, dort verbrachte ich meine Ferien.

»Das Grundgefühl war aber hier wie dort gleich – ich wurde geliebt!«

Diese positiven Erlebnisse wurden für mein ganzes späteres Leben wichtig. Ich erfuhr das im Alltag, was viele meiner heutigen Klienten als Erfahrungen nicht mitbringen: bedingungslose und aufrichtig ehrliche Liebe. Laut wissenschaftlichen Studien über frühkindliche Bindungsbeziehungen sind es gerade die wichtigen frühen Jahre der Beziehung zwischen Mutter und Kind bzw. auch Vater und Kind, die für die – im weiteren Lebenslauf – so wichtigen emotionalen wie sozialen Anpassungen und auch für die Gesundheit des Individuums Mensch verantwortlich sind.

Geborgenheit, Liebe und Nähe

Eine schöne Kindheit ist dennoch keine Garantie für ein später durchweg glückliches, unbeschwertes Leben. In der Kindheit werden die Grundlagen gelegt, hier lernt der Mensch sich in den unterschiedlichsten Situationen zu verhalten. Dass Eltern ihre Kinder mit Respekt und emotionaler Zuwendung auf dem Weg zum Erwachsensein begleiten, ist nachgewiesenermaßen ein wichtiger Bestandteil. Doch lebt das Kind sein Leben ab einer bestimmten Phase immer allein.

»Für mich persönlich sind die Erinnerungen an meine Kindheit getragen von diesem Miteinander in der Familie. Das hat mich sehr beeinflusst.«

Die Möglichkeit, für mich wählen zu können, was ich zum Beispiel spielen, basteln oder lesen mochte, was ich später als Beruf lernen wollte, oder dass ich mir meine Freizeitbeschäftigung selbst suchen konnte, hat meine Selbstständigkeit gefördert. Dieses Autonomiestreben wurde nie durch Strafen, überharte Konsequenzen oder übertriebene Kontrolle gehemmt. Mit diesem Grundgerüst – keinem Korsett – habe ich mich in das Abenteuer Leben begeben. Wusste ich doch, egal was passiert, ich kann immer wieder heimkommen. Ich kann immer wieder sagen: »Hallo, da bin ich, es hat nicht geklappt«, und ich werde wieder in meinen Hafen »Familie« einfahren dürfen.

Schon frühzeitig war in mir ein enormes Gerechtigkeitsempfinden ausgeprägt. Wurde nach meinem Gefühl etwas unberechtigterweise gegen mich entschieden, dann wurde ich böse – nein, ich wurde richtig jähzornig. Das waren die Momente in meiner Kindheit und Jugend, die ich rückblickend als sehr kritische Augenblicke beschreibe. Nicht nur für mich selbst, auch für meine Umwelt waren meine Ausbrüche im Nachhinein nicht nachvollziehbar. Ich hatte diesbezüglich niemals ein Unrechtsbewusstsein, aber der Grad meiner eigenen Reaktion hat auch mich immer wieder überrascht. Daran arbeitete ich später selbst sehr viel.

»Ich wollte andere Menschen nicht körperlich oder seelisch verletzen, aber verändern wollte ich.«

Vielleicht ist deshalb meine Kommunikationsbereitschaft in diesem hohen Maße entwickelt. Ganz früh als Kind schon habe ich diskutiert, habe nach Lösungen gesucht und wollte diese mit allen Beteiligten immer wieder besprechen. Bereits im Kindergarten habe ich den Streit zwischen anderen Kindern im Sandkasten versucht zu schlichten.

Stärken meiner Kindheit werden Beruf

Logisch erscheint deshalb mein heutiger Beruf. Doch so einfach war es nicht. Es war der Umweg, den ich genommen habe. Dieser Lebensabschnitt war in meinem Reifeprozess zu einer eigenständigen Persönlichkeit ein wichtiger Entwicklungsschritt. Die unter anderem körperlich schwere Arbeit als Elektromonteur an riesigen industriellen Anlagen hat mich stark gemacht, hat mir eine Menge Disziplin abverlangt (zum Beispiel eine Acht-Stunden-Schicht lang bei minus 15 Grad irgendwelche Manometer an der Außenhaut eines Hochofens zu wechseln) und mir vor allen Dingen gezeigt, was ich nicht wollte. Ich hatte mein Faible längst entdeckt: Ich wollte »mit Menschen arbeiten«. Die mir mehr durch Zufall dargebotene Chance, diesen neuen Weg zu gehen, nutzte ich.

Mit den von einer Fachhochschule versehentlich doppelt an eine Freundin verschickten Immatrikulationsunterlagen bewarb ich mich um einen Studienplatz. 1985 begann ich, Kulturwissenschaft zu studieren.

»Das war die bis dahin beste Entscheidung meines Lebens.«

Endlich hatte ich Gleichgesinnte um mich herum, endlich durfte ich experimentieren, durfte kreativ sein und endlich hatte ich auch Ziele. Das 1988 abgeschlossene Studium ermöglichte mir einen sehr interessanten und abwechslungsreichen Beruf. Ich machte Kultur und arbeitete täglich mit und für den Menschen. Die politische Wende in unserem Land und mein Umzug von Eisenhüttenstadt nach Berlin haben mir zusätzliche Möglichkeiten eröffnet. Als Seminarleiter habe ich von 1991 an mit jungen Menschen gearbeitet. In Workshops beschäftigten wir uns mit den globalen Zusammenhängen der Gesellschaft, redeten über Liebe, Freundschaft, Sexualität, haben die Umweltpolitik kritisiert und uns mit vielen unterschiedlichsten Thematiken auseinandergesetzt. Diese Arbeit hat mir viel Spaß bereitet. Hier konnte ich mich einbringen, konnte meine Lebenserfahrung weitergeben, und hier habe ich gelernt empathisch zu sein, mich in andere Menschen einzufühlen.

»Das Wort Empathie wurde zum Schlüssel.«

Als ich 1993 die Chance hatte, etwas völlig Neues zu machen, habe ich gekämpft, um diese Möglichkeit zu nutzen. Was war passiert?
Ein Freund hatte mir von einem neuen Verein in Berlin erzählt. Einem Verein, der nach dem amerikanischen Vorbild der Streetwork mit Jugendlichen aus Gangs und Cliquen auf der Straße arbeiten wollte. Das klang mehr als spannend. Sofort habe ich mich dort beworben, wurde aber abgelehnt. Schließlich hatte ich keine Ausbildung als Pädagoge. Aber ich fühlte mich doch so fit für diesen Job. Ich wollte in diesem Beruf arbeiten, ohne zu wissen, was diese Arbeit eigentlich beinhaltet. Also bin ich einfach zu einer Teamsitzung in diesen Sozialverein

gegangen, habe gesagt »da bin ich« und blieb einfach. Ja, das waren Zeiten damals. Für mich sollte dies der Beginn eines bis heute faszinierenden Abschnitts meines Lebens sein.

Professionalität in der Arbeit – Grundlage meines Handelns

Streetwork – nicht nur Ausbildung, vielmehr ein Engagement

Meine Arbeit wurde mein Leben. Da hatte ich doch glatt gefunden, was ich immer gesucht hatte. Noch heute erinnere ich mich sehr gerne an diese Zeit des Lernens und Entdeckens. Streetwork, ein Zauberwort, als Methode der sozialen Arbeit für mich völlig unbekannt und plötzlich der Inhalt meines Berufslebens. Aber was ist Streetwork? Streetwork – Amerika, Jugendliche um brennende Tonnen in New York, Bandenkriege in den Ghettos der Weltmetropolen, jugendliche Gangster, Drogenbosse, Zuhälter in fetten Autos und dazwischen der Streetworker.

»Streetwork beginnt immer mit dem ersten ›Hallo‹ und ist doch so viel mehr.«

Streetwork ist methodisches Vorgehen, es ist eine psychosoziale und gesundheitsbezogene Dienstleistung. Es ist der Kontaktaufbau und die Beziehungsarbeit im Lebensumfeld der Klienten. Der Zugang ist der Schlüssel zu allem, das wurde mir sehr schnell klar.
Ich arbeitete an vorderster Front, setzte mich dort ein, wo andere psychosoziale Hilfsangebote keine Chance mehr hatten. Gefordert werden vom Streetworker solche professionellen Einstellungen und Arbeitsprinzipien wie Niedrigschwelligkeit, Lebensweltorientierung, Vertraulichkeit, Parteilichkeit und Freiwilligkeit.

Schnell spezialisierte ich mich auf Gruppenarbeit. Ich arbeitete nicht mit Obdachlosen, nicht mit Prostituierten, nicht mit Nichtsesshaften, nicht mit Drogenabhängigen oder Strafentlassenen. Mein Handlungsfeld innerhalb der mobilen Jugendarbeit wurde die Arbeit mit gewaltbereiten und gewaltorientierten Jugendlichen aus jugendlichen Gruppierungen. Und da war ich nun und sollte in Berlin-Pankow arbeiten. Pankow, ehemals Wohnort von Honecker & Co, Regierungskrankenhaus am Rande der Großstadt, Villenvorort mit viel Grün.

Aufsuchen und Einlassen – wichtige Bestandteile meiner Arbeit

Keine brennenden Tonnen, keine Straßenbarrikaden, keine Spritzen im Park, kein Straßenstrich. Was tat ich da eigentlich? Hört sich ja einfach an. Man geht auf die Straße, sucht Jugendliche an ihren Treffpunkten auf, spricht mit denen, guckt denen beim Biertrinken zu, staunt über die Unmengen an Marihuana, die sie konsumieren, fährt ein bisschen in den Urlaub mit denen und verbringt seine Zeit als Freizeitanimateur für freche, stinkende, faule, gewaltbereite und aggressive junge Menschen. Ist es das wirklich? Nein, es ist natürlich sehr viel mehr.

Gefordert wurde ich täglich, von Anfang an. Am 1. März 1993, dem Beginn meiner Tätigkeit beim Verein Gangway e.V., war ich fast 30 Jahre alt. Großes Glück hatte ich aber bereits im ersten Jahr meiner neuen Tätigkeit, als ich 1994 eine Kollegin kennenlernte, eine engagierte Sozialarbeiterin einer Gesamtschule in meinem Wirkungsbereich, dem Kiez, in dem ich als Streetworker tätig war. Diese Kollegin suchte gezielt eine fachliche Unterstützung und Kooperationsmöglichkeit für ihre Arbeit an der Schnittstelle zwischen Schul- und Straßensozialarbeit. Sehr schnell entwickelten wir gemeinsame Ideen für die Arbeit mit der Klientel, machten zusammen mit den Jugendlichen tolle kreative Projekte, suchten immer wieder neue Wege bei der Arbeit mit jungen Heranwachsenden. Ich kam jedoch auch sehr schnell an Grenzen. Begriffe wie Distanz und Nähe in der Sozialarbeit waren Fremdwörter für mich, sozialpädagogische Interventionen kannte ich nicht, Konfliktbewältigungsstrategien waren böhmische Dörfer, rechtliche Grundlagen fehlten mir, das Betäubungsmittelgesetz und Jugendstrafrecht waren mir unbekannt.

»Letztendlich fehlte mir der ganze theoretische Background. Ich hatte keine wirkliche Ahnung von dem, was ich da eigentlich tat.«

Auf was ich mich verlassen konnte, war meine Menschenkenntnis und meine Erfahrung bis dahin. So beschloss ich 1995, mich an der Technischen Universität in Berlin zu bewerben. Ich wollte endlich wirklich dazugehören, wollte wissen, was ich da überhaupt tat. Das Studium dauerte 15 lange Semester. Meine 40-Stunden-Woche als Sozialarbeiter, die ehrenamtliche Tätigkeit im Jugendhilfeausschuss im Berliner Bezirk Pankow, ja, auch meine nebenberufliche Arbeit hinterm Tresen der Berliner Diskothek »Alte Kantine« der Kulturbrauerei ließen oft keinen Spielraum für Studieren und Lernen. Endlich, im Sommer 2003, wurde ich – inzwischen fast 40 Jahre alt – erfolgreich exmatrikuliert.

»Jetzt war ich Diplom-Erziehungswissenschaftler und Diplom-Sozialpädagoge mit der notwendigen theoretischen Ausbildung.«

Eine Lebenskrise

Doch das Leben ist mehr als nur der Job.

Kurz nach diesem erfolgreichen Abschluss meines Studiums, es waren eigentlich nur Tage, rutschte ich in die größte persönliche Krise meines Lebens. Ich hatte den so lang umkämpften Abschluss in der Tasche, und dann liegt von einem Tag zum anderen meine Lebenspartnerin im Sterben. Mitten im Leben stehend fiel sie um, ein Hirnschlag hatte sie wie der Blitz getroffen. Nach 20 Tagen Überlebenskampf schloss sie am 31. August 2003 für immer ihre Augen. Wenn du am Totenbett eines geliebten Menschen sitzt, was nützt da der Abschluss eines Studiums, was spielt der Beruf in diesem Augenblick für eine Rolle?

»Von einem Tag zum anderen hatte ich mich selbst überholt, hatte keinen Halt mehr, wusste nicht ein noch aus.«

Hilfe wollte ich nicht annehmen, ich resignierte völlig. Über ein dreiviertel Jahr war ich krankgeschrieben, ging ich nicht arbeiten. Ich fuhr zur Kur, machte Trauerbewältigung auf meine Weise, ohne und mit professioneller Hilfe. Zum ersten Mal in meinem Leben suchte ich eine Psychologin auf. Sie war es, die mich zu hinterfragen begann, die mir meine Defizite im eigenen Tun und Handeln gespiegelt, die mir aber auch sehr viel Mut zurückgegeben hat. Die Bedeutung des eigenen Lebens bekam für mich eine neue Definition.

Langsam, ganz langsam, begann ich wieder zu planen, sah ich Licht am Ende des Tunnels. Ich erkannte, dass ich sehr oft in meinem Leben nur für andere da gewesen war, dass ich mich gleichzeitig als Privatperson vernachlässigt hatte. Der Beruf des Sozialarbeiters hatte mich gefangengenommen. Daran wollte, nein, daran musste ich etwas ändern.

»Die Erkenntnis, dass das Leben auf einem schmalen Grat verläuft, dass Leben und Tod so eng beieinanderstehen und dass man sich dessen als Mensch stets bewusst sein sollte, das war wie eine Erleuchtung.«

Die Weichen werden neu gestellt

Dass mein persönliches Glück natürlich mit einer befriedigenden Tätigkeit, einem tollen Job verbunden war, wusste ich inzwischen mehr als zuvor. Ich wollte vieles anders machen als vorher, das Leben brauchte wieder einen Sinn. In der ersten Konsequenz plante ich ein zusätzliches Aufbaustudium. Ich kratzte meine Ersparnisse zusammen und studierte extern an einem Düsseldorfer Institut »Eventmanagement«. Nach einem Jahr hatte ich dieses Zwischenziel erreicht und den Abschluss mit der Note »Gut« in der Tasche. Die theoretische Grundlage für den Startschuss in neue berufliche Dimensionen war gegeben. Gerade als ich mich an einem anderen Institut zum Englischkurs eingeschrieben hatte, meine Jahresrate bezahlt war und ich endlich die englische Sprache erlernen wollte, geschah etwas Unerwartetes. Das Fernsehen trat auf den Plan. Über diese neue Situation habe ich schon ausführlich geschrieben.

Berufspraktisches Rüstzeug

Das erste »Hallo«. Das ist der Punkt, an dem sich die gesamte zukünftige Arbeit mit dem Jugendlichen entscheidet. Diesen wichtigen Augenblick erleben die Kollegen oder Kolleginnen ohne Kamera in der täglichen Arbeit ebenso, und dies ist natürlich auch und gerade in meiner jetzigen Arbeit als TV-Streetworker wichtig. Jeder Fachkollege kennt diesen Moment, wenn man zu einem Jugendlichen oder einer Gruppe von Jugendlichen geht, um sie anzusprechen. Die Art der Ansprache ist jetzt sehr wichtig, die sekundenschnelle Form des Einlassens auf die Spielregeln innerhalb der Gruppe ebenso. Sofortiges Erkennen, wer der Chef ist, wer der Wortführer, wer das Sagen hat in der Gruppe. Namen zu erfragen und sich diese, zumindest die der Anführer, zu merken, ist sehr schlau. Es sollte jedem Straßensozialarbeiter bekannt sein, dass wir niemals die Reaktionen einer Gruppe voraussagen können und dass der Charakter und das Verhaltens- und Reaktionsspektrum des Einzelnen unbekannt sind. Deshalb sind vorher entwickelte Rückzugsstrategien wichtig. Es macht Sinn, niemals zu forsch einzusteigen und mit wachen Antennen auf jedes kleinste

Signal zu achten. Beginnt eine Situation zu kippen, ist besagter Rückzug als kontrollierte Offensive keine Niederlage für den Sozialarbeiter. Die Jugendlichen erringen einen vermeintlichen Sieg, wenn sie den Fremden nicht in das bestehende Beziehungsnetzwerk innerhalb der Gruppe gelassen haben. Sollen sie diesen Sieg feiern, sie bestimmen die Regeln in ihrem Lebensraum. Jeder Erwachsene wirkt da störend und ist fremd. Doch gerade jetzt ist es für den Pädagogen wichtig, diese »Niederlage« einer ersten Kontaktaufnahme nicht persönlich zu nehmen, sondern dranzubleiben.

Zwei Tage später gehe ich also wieder hin. Jetzt kenne ich bereits ein oder zwei Namen von Gruppenmitgliedern. Diese Jugendlichen spreche ich gezielt an, sie werden meine Eintrittskarte. Was dann kommt, ist keine »Verbrüderung«: Vielmehr ist es das Ziel, jedes Gruppenmitglied als Persönlichkeit wahrzunehmen. Empathisches Einlassen auf eine Lebenswelt, die nicht meine ist. Aber Verständnis entwickeln, echtes Interesse zeigen und ihre Sprache sprechen. Ich muss in der Lage sein, ihre Themen zu besetzen. Das reicht von der aktuellen Lage im Kiez, Geschlechterproblematiken in diesem Alter, über Sport (Sieg oder Niederlage des Fußballvereins der Region) bis hin zu Freizeitmöglichkeiten und Musik.

»Je breiter mein eigener Horizont reicht, je umfassender das Lebensumfeld der Gruppe vorher von mir analysiert wurde und je intensiver ich diese Feldanalyse ausgewertet habe, umso größer wird die Chance, ein Ohr und einen Platz in der Gruppe zu bekommen.«

Drin sein heißt aber auch, wieder zu gehen! Mit jedem Besuch bei der Gruppe erfahre ich mehr über die Motivation aller und des Einzelnen. Immer wieder die Gruppe bewusst zu verlassen, um dann wiederzukommen, entwickelt sich zu meiner Art des Vertrauensaufbaus und der Intensivierung meiner eigenen Präsenz. Einzelgespräche gewinnen mehr und mehr an Bedeutung. Ab jetzt höre ich viel genauer zu und erfahre intensiver. In diesen Treffen ist der einzelne junge Mensch nicht getrieben vom Druck der Gruppe, sich profilieren zu müssen.

Das nutze ich als den Moment, erste Unterstützungsangebote zu formulieren, erste Möglichkeiten alternativer Wege aufzuzeigen.

»Es beginnt die Erziehungsarbeit, die eine echte Beziehungsarbeit ist!«

Die Weiterentwicklung zum Familiencoach

In meinem neuen Job als TV-Streetworker ist auf einmal alles anders – und doch so gleich. Die Gruppierungen, in denen sich mein Klient aufhält, sind echt, das Umfeld, in denen ich die Kontaktaufnahme vollziehen will, ist real, und auch die Problemlagen – manchmal sichtbar, sehr oft im ersten Moment unsichtbar – sind vorhanden. Und doch ist alles anders. Der junge Mensch wurde von meinem Team hinter der Kamera längst darauf vorbereitet, dass ich irgendwann, der Zeitpunkt ist live, mit der Kamera im Anschlag auf ihn treffen werde. Der Jugendliche weiß um diese Situation und hat das in der Gruppe natürlich auch kommuniziert. Und doch gab es in der Vergangenheit auch die Situation, dass die jungen Menschen dann doch nicht mit mir zusammenarbeiten wollten. Die Kamera, die drohende Öffentlichkeit, die besondere Situation oder auch persönliche Antipathie sind dann die Begründungen. An dieser Stelle habe ich dann stets auf jeden weiteren Versuch einer Zusammenarbeit verzichtet. Zusätzlich kommt erschwerend hinzu, dass ich im Auftrag der Eltern auf den Jugendlichen treffe. Das sage ich ihm, und auch das ist anders als in meiner bisherigen Arbeit als Streetworker.

»Dieser Auftrag, diese Vollmacht der Eltern, mit ihrem Kind zu arbeiten und auch mit der Fernsehkamera drehen zu dürfen, ist dann doch der Unterschied zu all meinen bisherigen Berufserfahrungen.«

Immer und ausschließlich war ich nur der Lobbyist der jungen Menschen. Elternarbeit gab es nur dann, wenn der Klient mich darum gebeten hatte. Jetzt habe ich die Legitimation für mein Handeln und Tun von den Menschen (den Schuldigen aus der Sicht des Jugendlichen) in der Tasche, deretwegen Jugendliche oft in diese besondere und akute Lebensphase gekommen ist, deretwegen er vielleicht das Elternhaus verlassen und alle Beziehungen abgebrochen hat. Ist das nicht kontraproduktiv und eigentlich gleichzusetzen mit einem Freilos mit anschließender Niete?

Viele meiner Kollegen kritisieren genau das. Sie sind von der Herangehensweise meines Tuns nicht überzeugt und lassen andere Formen und Methoden als die bisher allgemeingültigen nicht gelten. Wenn – aus deren Sicht – die Ausschließlichkeit, als Lobbyist für die jungen Menschen und nur in deren Auftrag tätig zu sein, verlassen wird, dann ist die anschließende Methode kein klassisches Streetwork mehr und damit ein unprofessionelles Vorgehen. Ich sehe das anders, auch weil meine Erfahrungen inzwischen andere sind. Natürlich kann man das fachlich kritisieren. Auf der Grundlage theoretischer Erkenntnisse und des sich bisher erfolgreich entwickelnden Methodenspektrums von Straßensozialarbeit als einer Methode sozialer Arbeit in Deutschland ist diese Kritik für mich auch nachvollziehbar. Niemals haben die Fernsehformatentwickler daran gedacht, die Arbeit eines Streetworkers eins zu eins und in jeder fachlichen Nuance zu zeigen. Nein, denn bereits bei dem »Hinzuziehen« von Öffentlichkeit und damit dem Verlassen der Anonymität der Problemlagen des Klienten wird ein wesentliches Qualitätskriterium und Beziehungsmerkmal von Straßensozialarbeit nicht eingehalten.

Das Format »Die Ausreißer – der Weg zurück« verfolgt die Idee, aufzuzeigen, mit welchen Methoden innerhalb akzeptierender Sozialarbeit ein Fachmann agiert, um zusammen mit jungen Menschen neue Wege zu gehen. Bei dem, was ich vor der Kamera mache, bediene ich mich aus der großen »Spielkiste« von Methoden und Herangehensweisen in der Arbeit mit Kindern und Jugendlichen in besonderen Lebenslagen.

»Wichtig für mich ist dabei, dass der Jugendliche niemals einem Millionenpublikum vorgeführt wird.«

Die Kontaktaufnahme zu Jenny unter einer Spreebrücke in Berlin wurde live gedreht. Ich habe mich in die Lebenswelt von Jenny und Baki begeben und habe dort versucht, einen ersten Kontakt herzustellen. Ohne diesen »Überfall«, ohne dieses »Draufzugehen« hätte ich niemals ein würdevolles Zusammentreffen mit Jenny bewirken können. In ihrem Fall kam der Auftrag sie zu suchen von den besorgten Eltern; das Jugendamt in Thüringen wäre niemals aktiv geworden, und kontinuierliche Kontakte zu Jugendhilfeträgern in Berlin gab es zu diesem Zeitpunkt nicht. Jenny anzusprechen und sie innerhalb der Gruppe am Berliner Ostbahnhof zu kontaktieren, erschien mir eine eher ungünstige Variante. Deshalb traf ich die individuelle Entscheidung zu diesem Treffen unter der Brücke.

Die Persönlichkeitsentwicklung des jungen Menschen steht für mich im Mittelpunkt. Er soll nicht nur sein Gesicht wahren können, er soll ein neues Gesicht bekommen! Er darf so werden, wie er es will.

»Ich bremse die Jugendlichen auf ihrem Weg nicht aus, ich begleite sie ein Stück. Ich zeige ihnen Möglichkeiten, auch über Umwege ans Ziel zu gelangen.«

Zusammen denken wir nach, und allein darf der junge Mensch dann in Richtung Ziellinie weiterlaufen. Nicht umsonst hat die Sendung den Untertitel »der Weg zurück«. Der Weg ist das Ziel. Dies versuche ich auch den Jugendlichen immer und immer wieder zu sagen. Bei Niederlagen oder Unterbrechungen ihrer eigenen Planungen ist Motivation von außen wichtig. Ihr gestärktes Persönlichkeitsprofil hilft ihnen, diese Krisen besser zu überstehen, perspektivisch sogar, diese Krisen offensiv und eigenständig zu bearbeiten. In Anbetracht des neuen Herangehens und des besonderen Auftrags für mein Tun als Sozialarbeiter im Fernsehen habe ich frühzeitig erkannt, dass mein professionelles Handeln zusätzliches berufsspezifisches Handwerkszeug erfordert. Die Herausforderungen des neuen Arbeitsfeldes machten es notwendig, dass ich beispielsweise andere Methoden der Gesprächsführung oder Krisenintervention und zusätzliche

Konfliktbewältigungsstrategien beherrschen lernen musste. Die Arbeit mit den Eltern der Jugendlichen stand mehr und mehr im Mittelpunkt meines Tuns. Die logische Folge war daraufhin meine Weiterentwicklung vom klassischen Streetworker hin zum Familiencoach. Geholfen hat mir hierbei meine praktische Arbeit im Beruf, mein theoretischer Background, die Erfahrung als Mitglied des Jugendhilfeausschusses in Berlin-Pankow und die praktische Kooperation mit Partnern (Sportvereinen, Wohnungsbaugenossenschaften, bürokratischen Strukturen in Senats- und Bezirksamtsleitungen usw.). Die Schulungen mit Simone, meiner Kollegin und meinem Coach, aber auch das tägliche Lernen in den Situationen vor Ort machen mir bewusst, dass ich diesen neuen Herausforderungen inzwischen gewachsen bin.

Meine Erfahrungen in der Jugendhilfe

Sehr erschwert wird meine Arbeit oft dadurch, dass noch immer viele bürokratische und institutionelle Strukturen lieber hinter verschlossenen Türen arbeiten. Es ist kaum vorstellbar, wie teilweise paranoid in Jugendhilfeinstitutionen agiert wird, wenn es eine offizielle Anfrage auf Zusammenarbeit oder Kooperation innerhalb des TV-Formats mit oder ohne Kamera gibt. In einer geschlossenen Therapieklinik für Jugendliche in Berlin musste ich zum Beispiel vor meinem Besuch als »normaler« Sozialarbeiter bei meiner Klientin – nachdem alle meine Taschen und Sachen hochoffiziell kontrolliert worden waren und meine Umhängetasche im Schließfach verschlossen war – zusätzlich noch eine Erklärung unterschreiben, dass ich keine Ton- oder Filmaufnahmen von dem 15-minütigen Gespräch mache.

»Wie sollte ich dazu noch in der Lage sein?«

Warum die Verantwortlichen der Klinik dies so entschieden haben, bleibt ihr Geheimnis. Das Argument, der Schweigepflicht und dem Datenschutz zu unterliegen, ist dabei nur eine Krücke und klassische Ausrede. Sobald die sorgeberechtigten Eltern die Vollmacht unterschrieben und damit die Genehmigung zur Akteneinsicht für mich als TV-Sozialarbeiter und Diplom-Sozialpädagoge gegeben haben, ist beispielsweise das Amt, die Jugendamtsleiterin, der Richter, der Arzt oder der Jugendclubmitarbeiter von der Schweigepflicht in diesem speziellen Fall befreit. Der Schutz anderer Jugendlicher liegt dagegen auch in meinem Interesse und erfährt meine volle Unterstützung. Damit stehe ich wieder auf einer Stufe mit den Kollegen vor Ort.

In den zurückliegenden drei Jahren ist es mir nicht einmal gelungen, eine sogenannte Fallteamsitzung in irgendeinem Jugendamt in Deutschland mit der Kamera zu begleiten. Es geht in diesen Fallteamsitzungen immer um einen speziellen Fall der Jugendhilfe. Es geht darum, die gesammelte Kompetenz der Jugendhilfe an einem Tisch sitzen zu haben, und man berät ausschließlich die weitere Entwicklung des jeweiligen jungen Menschen.

»Warum ist es nicht möglich, eine solche Runde von Fachleuten in ihrem Ringen um Lösungsvorschläge und in ihrem Arbeits- und Diskussionsprozess transparent zu zeigen? Ich weiß darauf keine Antwort.«

Wollen die Kollegen von einer Hilflosigkeit ablenken? Wollen sie in ihrem Tun als Pädagogen unerkannt bleiben? Glauben sie, dass sie dann eher zur Verantwortung gezogen werden würden? Welche Ängste haben sie? Auch darauf weiß ich keine Antworten.

Aber ich weiß inzwischen, dass es die Eltern in unserem Land interessiert. Mir ist auch klar, dass ein solcher Einblick in die Arbeit zur Verringerung der Schwellenängste gegenüber den Ämtern beitragen würde, dass damit die Türen hin zu bürgernahen Amtsstrukturen weit aufgestoßen und dass Eltern endlich begreifen würden, wie zielorientiert die Mitarbeiterinnen und Mitarbeiter oft in den Jugendämtern produktiv streiten, nach Lösungen suchen und konstruktiv arbeiten. Als Resultat von inzwischen fast 20 Jugendhilfefällen vor der Kamera bedauere ich bei einigen Jugendämtern sehr, dass nicht öffentlich wurde wie komplex, wie professionell und wie fokussiert auf die jungen Heranwachsenden dort agiert wird (Beispiele sind die Jugendämter Neukölln und Marzahn in Berlin sowie in Mosbach, Koblenz und Krefeld). Das sind die Beispiele, die Schule machen sollten und die mit einer entsprechenden öffentlichen Transparenz eine konkrete Sicht auf die Arbeitsweisen innerhalb der Jugendhilfe möglich machen würden.

Im Nachhinein ärgere ich mich aber doch, dass die Inkompetenz und Ignoranz einiger Kollegen nicht öffentlich wird. Dass Jugendhilfe eine Dienstleistung für den Klienten ist und dass all das Tun und Wirken der Jugendhilfe diesem Ziel untergeordnet werden sollte, müssen einige Kollegen ganz sicher noch lernen. Und ich drücke das hier noch vorsichtig aus, denn eigentlich ist solch ein Fachpersonal im Sinne der Jugendlichen und deren Familien nicht tragbar. Diese Kollegen sollten selbstkritisch ihren Platz für Menschen räumen, die wissen, welchen Auftrag sie haben.

»Jugendhilfe findet nicht nur am Schreibtisch statt, maßgeschneiderte Hilfen für junge Menschen erfordern einen Blick und ein Handeln über den eigenen Tellerrand hinaus.«

»Wünsch dir was« – meine zukünftige Arbeit mit Ämtern

Trotzdem und gerade deshalb will ich an dieser Stelle noch einmal darauf hinweisen, dass ich nicht angetreten bin, um andere Arbeitsweisen zu kontrollieren oder zu hinterfragen. Nein! Ich werde auch weiterhin kooperieren und, mit dem Auftrag der Jugendlichen bewaffnet, ihre Interessen umzusetzen helfen und versuchen, die pädagogisch notwendigen Hilfen zu installieren. Meinen Kollegen vor Ort trete ich auch weiterhin fachlich und unvoreingenommen gegenüber, ich will professioneller Partner sein und im Gleichklang gemeinsam entwickelter Entscheidungen zusammenarbeiten.

Vielleicht gelingt der Spagat, dass ein Format wie »Die Ausreißer – der Weg zurück« auch von einer breiteren Masse der Sozialarbeiterinnen und Sozialarbeiter in diesem Land als zusätzliche Ressource angenommen werden kann.

»Aufzuzeigen, wie Jugendhilfe funktioniert, wie Sozialarbeiter mit ihrem Klientel arbeiten, welche Schwierigkeiten Bürokratie oft mit sich bringt, welche Methoden erfolgversprechend sind und welche eher ungeeignet scheinen, ist doch nicht verwerflich. Im Gegenteil!«

Ein solcher Einblick in praktische Jugendhilfe bietet dem interessierten Zuschauer, dem mündigen Konsumenten vor dem Fernseher eine Draufsicht auf ein Arbeitsfeld, dessen Strukturen oft undurchschaubar erscheinen, die kritisch betrachtet werden, die aber zu den wichtigen Unterstützungsangeboten für immer mehr Menschen in unserem Land werden. Die Resonanz der Öffentlichkeit auf mein Tun vor der Kamera, die Anteilnahme der Menschen an den Schicksalen vor ihrer Haustür und in den Regionen, in denen ich gedreht habe, wird nicht nur durch die vielen Zuschriften auf meiner Homepage deutlich. Vielmehr zeigen dies auch die Einschaltquoten: Wenn über fünf Millionen Menschen an einem Mittwochabend in Deutschland vor den Fernsehern sitzen und Anteil nehmen, wenn sich in 90 Minuten Chat bei Stern TV über 80.000 User beteiligen und etwa 8.000 davon ihre Sorgen, Bemerkungen, Kritiken und mehr mitteilen, dann ist das zu beachten. Dann sollte man das nicht wegdiskutieren, sollte es nicht überbügeln und sollte es nicht abtun als Unterschichtenfernsehen. Dann hat dieses Thema eine gesamtgesellschaftspolitische Relevanz. Dieser Verantwortung sollten sich alle Beteiligten täglich stellen. So wird auch transparent, was Jugendhilfe leistet und welchen Anteil jeder der »Mitwirkenden« hat.

Die Entscheidung für das Buch

Doch zurück zum Ansinnen dieses Buches.
Als ich von verschiedenen Verlagen gefragt wurde, ob ich mir vorstellen könnte, ein Buch zur Serie zu schreiben, erschien mir der Gedanke sehr reizvoll.

»Mir war sofort klar, dass sich in diesem Schreiben eine Chance verbirgt.«

Nein, es sollte nicht von einem Ghostwriter geschrieben werden, ich wollte selbst »die Feder in die Hand nehmen«. Es bot sich mir die einmalige Chance, meine eigene Arbeit zu hinterfragen. Ich arbeite bis auf wenige freie Stunden, die ich zur absoluten Entspannung brauche, das ganze Jahr durch. Außer den Coachinggesprächen mit Simone habe ich keine Gelegenheit, mein Tun zu hinterfragen, einen analytisch auswertenden Blick auf die Geschichten der von mir betreuten Jugendlichen zu wagen. Ich brauche aber diese Auseinandersetzung, um das Geleistete abzuschließen und einen freien Blick auf kommende Fälle zu gewinnen. Aus unserer jahrelangen Zusammenarbeit bestens mit Teamarbeit vertraut und aus der Gewissheit, mit Simone eine Fachfrau als Coach an meiner Seite zu haben, die ebenfalls über jahrelange erfolgreiche Praxis verfügt und noch dazu sehr analytisch denkt, schien es mir möglich, ein fundiertes Buch zu schreiben. Nicht zu unterschätzen war dabei der Zeitaufwand, aber gemeinsam im Team ist auch das viel einfacher. Zuerst gingen wir Schritt für Schritt alle Folgen der bisherigen Staffeln durch, um eine Auswahl an Beispielfällen zu treffen. Uns wurde sehr schnell klar, dass viele Familienschicksale Parallelen aufweisen, aber auch spezifische
Besonderheiten haben. Aus meiner Sicht gibt es viele ungünstige Faktoren, durch die das Scheitern einer gesunden Entwicklung von Kindern programmiert ist. Die emotionale Geborgenheit, die Kinder und Jugendliche für ein sicheres Ich-Gefühl und für eine gesunde

Im Brennpunkt unterwegs –
Berlin ist ein beliebter Aufenthaltsort von Jugendlichen

Entwicklung brauchen, ist von entscheidender Bedeutung für einen gelungenen Lebensweg. Außerdem brauchen Kinder Grenzen und Regeln als Korsett und Rahmen, um eine Orientierung zu erhalten, die es ihnen ermöglicht, sich in der Welt zurechtzufinden. Ein weiterer Fakt ist für mich, dass Kinder und junge Menschen Freiräume brauchen, um sich ausprobieren zu können und dadurch ein wachsendes Selbstwertgefühl zu bekommen. Bei den Familien, die ich betreute, kamen oft zusätzlich noch einige andere Auffälligkeiten hinzu. Wenn sie mir bedeutsam erschienen, habe ich sie in den Beschreibungen mit aufgezeigt und dargestellt. Mir geht es nicht darum, ausschließlich Schwachstellen aufzuzeigen, sondern exemplarisch ungünstige Faktoren für ein Scheitern in der Erziehung zu benennen. Dazu brauche ich die plastische Illustration durch die Familiengeschichten.

Ich danke den Familien, dass sie bereit waren, mir Rede und Antwort zu stehen, und dass sie mir ihre Zustimmung gaben, hier ihre Geschichte zu erzählen.

DIE GESCHICHTE VON JENNY

>> Mit dem Wunschkind beginnt die Talfahrt

Jenny wird im Januar 1990 in Suhl geboren. Die ostdeutsche Stadt liegt umgeben von den Bergen des Thüringer Waldes, eingebettet in einer Talsenke. Die Menschen wohnen gerne hier. Es gibt gute Arbeit und gutes Geld, der DDR-Staat verwöhnte seine Arbeiter mit zentral beheizten Neubauwohnungen, die nahe gelegenen Wintersportorte Oberhof und Zella-Mehlis bieten zahlreiche Erholungsmöglichkeiten. Wo andere Mitbürger des Landes Urlaub machen, da wohnt Familie M.

Frau und Herr M. erleben die politische Wende 1989 in der Vorfreude auf ihr erstes gemeinsames Kind. Als viele Bekannte, Freunde und Mitbürger Thüringen verlassen und in den alten Bundesländern ihr Glück suchen, bleibt die Familie in Suhl wohnen. Auch die drohende Arbeitslosigkeit ist kein Antrieb, woanders nach Erwerbsmöglichkeiten zu schauen. Sie nehmen den Abschied aus der Arbeitswelt über die vorgezeichneten Stufen Kurzarbeit, Dauerkurzarbeit, ABM für ein Jahr und Hartz IV ohne Gegenwehr in Kauf.

Jenny wird als Wunschkind geboren. Sie macht ihren Eltern anfangs viel Freude, ist ein liebenswertes und unauffälliges Kleinkind und später in der Grundschule eine begeisterte Schülerin. Jenny erbringt

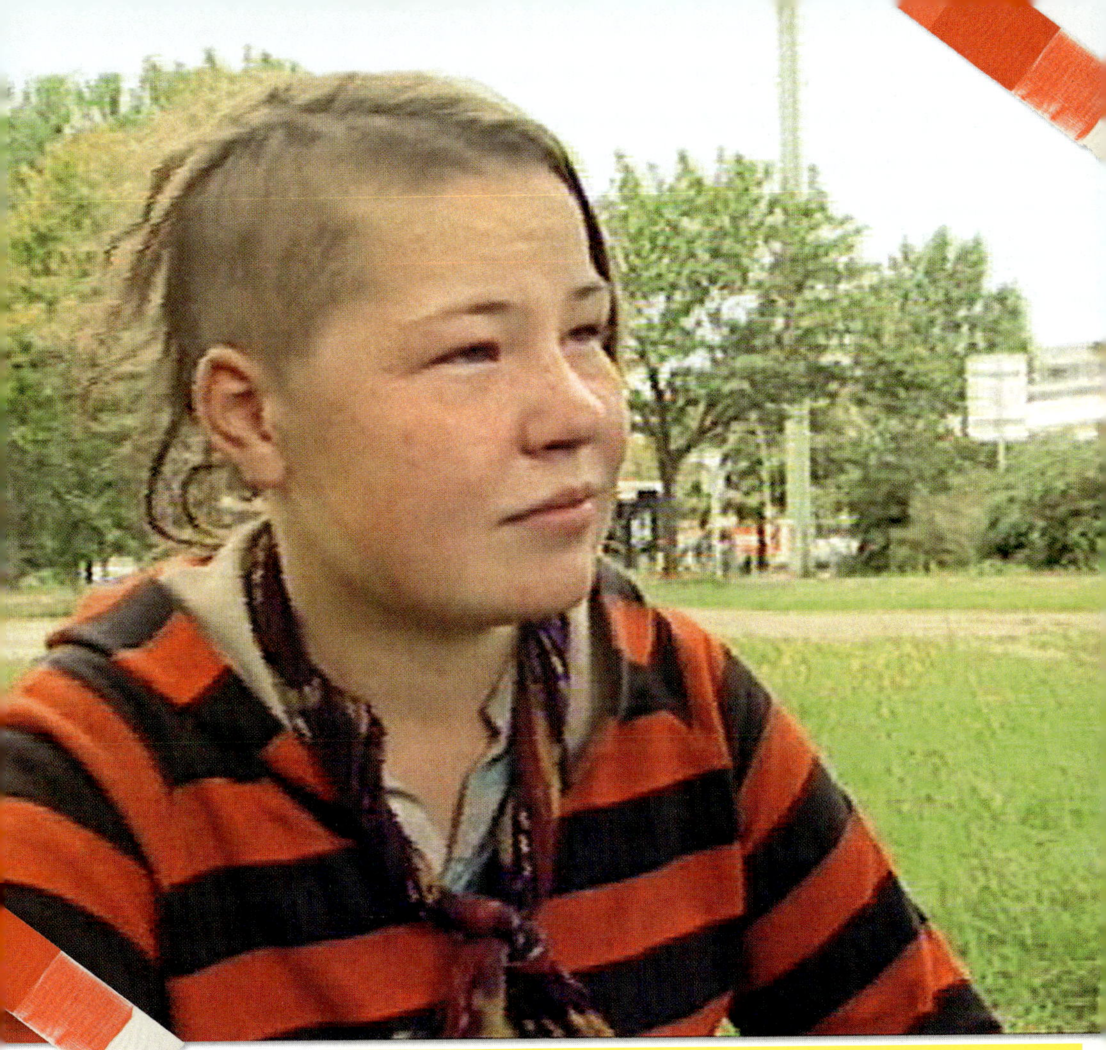

Jenny auf der Wiese vor dem Berliner Ostbahnhof

die geforderten Leistungen und kommt mit guten Noten nach Hause. Sie hält sich viel bei ihrer Oma im Garten auf, der in der idyllischen Gegend um Suhl liegt. Jenny bleibt das einzige Kind der Familie und der Eltern ganzer Stolz. Sie bringt den Sonnenschein in das triste Leben ohne Bestätigung im Beruf, ohne Aufgaben in der Gesellschaft.

Aber aus Jenny soll einmal etwas werden. Dafür tun die Eltern ihr Möglichstes. Schulische und außerschulische Arbeitsgemeinschaften kosten wenig Geld. Es muss lediglich ein Vereinsbeitrag bezahlt werden, der sich aber nach dem Einkommen der Eltern richtet. Wie viele gleichaltrige Mitschülerinnen auch besucht Jenny eine solche außerschulische Arbeitsgemeinschaft.

Sie findet ihre Erfüllung nicht in der staatlichen Musikschule, nicht im Kinderballett oder im Kirchenchor, sondern im Suhler Judoverein. Hier feiert Jenny bald Erfolge, erkämpft Pokale, Medaillen und Urkunden, die später ihr Kinderzimmer schmücken. Ihr Selbstbewusstsein nimmt zu, Jenny entwickelt sich sehr schnell zu einer Persönlichkeit. Beim Judo lernt sie Körperbeherrschung und Disziplin. Hier muss sie für die Mannschaft da sein und ihren Beitrag zu deren Erfolg leisten. Sie fühlt sich wohl, erlebt eine Gemeinschaft, die von Verlässlichkeit geprägt ist. Zu Hause aber läuft das Kontrastprogramm. Die Schere zwischen dem, was sie im Verein und zu Hause erlebt, wird immer größer.

>> Jung sein – was für ein Drama!

Gleichgültigkeit und Tristesse bestimmen den Alltag. In der elterlichen Wohnung spielen sich in akuten Situationen ganze Horrorszenarien ab. Der Vater ist fast täglich alkoholisiert. In betrunkenem Zustand prügelt er schon mal auf die Mutter und später dann auch auf Jenny ein. Dieses familiäre Umfeld ist für Jenny kaum zu ertragen und wird für sie zur seelischen Folter. Jennys Mutter hat zunehmend keine Kraft mehr, sie ist immer weniger konsequent – egal in welcher Hinsicht – und verliert dadurch jeglichen Kontakt zu Jenny.

MEINE EINSCHÄTZUNG: *Jenny sieht am Suchtverhalten ihres Vaters, dass Alkoholkonsum kurzzeitige Sorglosigkeit und Vergessen bringt. Hier lernt Jenny die Droge Alkohol als Ersatzbefriedigung kennen. So wie andere Suchtmittel als schnelle Belohnung oder Ersatz für nicht befriedigte Gefühle eingesetzt werden können, bringt Alkohol schnelle Auflösung aller Probleme in einer Dunstwolke voller Hemmungslosigkeit.*

Das neue Schulsystem verlangt ab der fünften Klasse den Wechsel an eine weiterführende Schule. Wie für viele andere Kinder auch bedeutet das für Jenny, bekannte Bezugspersonen und gewohnte Orte zu verlassen, neue Beziehungen aufzubauen und ein neues Umfeld kennenzulernen. Jenny ist in sich zerrissen. Zu Hause erlebt sie keine Geborgenheit, hat keine angstfreien Rückzugsmöglichkeiten, und unterstützende Eltern fehlen. Sie sorgt sich um ihre Mutter, weil der Vater brutal schlägt, wenn er getrunken hat. Auch sie selbst wird immer öfter Opfer gewaltsamer Übergriffe. Jenny zieht sich weiter zurück, hat niemanden, dem sie sich anvertrauen kann. Den Wechsel zur Oberschule muss die Zehnjährige ohne den fehlenden Rückhalt in ihrer Familie alleine meistern. Die Schwierigkeiten, die Jenny damit hat, zeichnen ihren Weg vor.

Die guten Noten aus der Grundschule geben ihr die Eintrittskarte zum Gymnasium. Dieser Leistungsstand währt jedoch nicht lange. Innerhalb eines Jahres beginnt der Abstieg vom Gymnasium zur Real-, dann zur Hauptschule. Jenny holen die häuslichen Probleme ein. Sie findet nicht die innere Ruhe, die sie braucht, um sich auf die höheren Anforderungen einer Oberschule einzustellen. Die einzige Schlussfolgerung, die jedoch die Eltern daraus ziehen, ist, ihrer Tochter die weitere Beteiligung am Judotraining zu verbieten. Den Ort, an dem Jenny erfolgreich ist, an dem sie in der Gemeinschaft gebraucht wird, an dem sie Disziplin, Ausdauer und Willensstärke trainieren kann, diesen Ort muss sie verlassen. Jenny versteht die Welt nicht mehr. Jetzt hat sie den letzten dünnen Faden an ein vertrautes Leben verloren.

MEINE EINSCHÄTZUNG: *Hier wäre es pädagogisch sinnvoller gewesen, nicht mit Verboten zu reagieren, sondern gemeinsam andere Formen zu suchen, die das Problem »Verschlechterung der schulischen Leistungen« verändert hätten. Dieses Phänomen tritt in vielen Familien auf. Mit einer solchen Maßnahme wird etwas entschieden, was die eigentliche Angelegenheit überhaupt nicht löst. Denn das Judoverbot geht doch nicht zwangsläufig einher mit der Verbesserung der*

Leistungen in der Schule. Ganz im Gegenteil, Jenny wird das Lernfeld für Disziplin, Verantwortungsübernahme, Willensstärke und Ausdauer entzogen.

Die einzige Orientierung erfährt Jenny jetzt noch in dem, was die Eltern ihr vorleben. Deren Alkoholsucht wird zum Bindeglied zwischen ihr und ihren Eltern. Was Jenny als »Lösung aller Probleme« wahrnimmt, ist, Sorgen kann man »wegsaufen«. Sie beginnt nach und nach, die Eltern zu kopieren.

Alkohol zerstört Familien – die ausweglose Situation der Familie M.

In den kommenden Jahren erleben die Eltern immer häufiger Alkoholexzesse ihrer Tochter. Es bleibt aber nicht nur beim Alkohol. Jenny fängt an, alles zu konsumieren, was sie die Realität vergessen lässt. Mit 14 Jahren wird sie zum ersten Mal in das nahe gelegene Krankenhaus eingeliefert und dort wegen einer schweren Alkoholvergiftung behandelt. Beide Eltern schauen der Entwicklung ihrer einzigen Tochter ohnmächtig zu. Viel zu sehr sind Vater und Mutter in diesen Jahren ohne Zukunft, ohne gemeinsamen Urlaub, mit wachsenden Problemen in ihrer Ehe sich selbst ausgeliefert. Ihre Tochter, ihr Wunschkind, wird zur Nebensächlichkeit, zur zusätzlichen Belastung.

Die Auseinandersetzungen zu Hause geraten immer weiter außer Kontrolle. Als Jenny wieder einmal von einer Party volltrunken nach

Hause kommt und der Vater – selbst bereits stark alkoholisiert – Rechenschaft von ihr verlangt, geht Jenny mit einem Küchenmesser auf ihn los. Polizeieinsätze, gewalttätige Konflikte, Nachbarschaftsstreits wegen der nächtlichen Ruhestörungen sind an der Tagesordnung. Die Eltern bemerken den Wandel in Jennys Leben nur allmählich, verstehen können sie ihn nicht. Jenny war doch immer so lieb, so gut in der Schule und immer nett und freundlich. Doch nun, immer häufiger unter Alkoholeinfluss, rastet sie aus, ist aggressiv und gewalttätig.

Vom eigenen Bett zum Matratzenlager unter Brücken

Jenny zieht es fast täglich ins »Grüne Haus« in Suhl, eine Jugendfreizeiteinrichtung, in der sich die jugendliche Punkszene der Stadt aufhält. Hier trifft sie auf Gleichgesinnte, die zu den nervenden Eltern eine Alternative bilden. Hier kann sie über ihre Probleme sprechen, hier hören ihr Gleichaltrige zu, und hier findet sie Verständnis. Nachdem die Verhältnisse zu Hause immer unerträglicher werden, packt Jenny eines Nachts ihre Sachen und haut zusammen mit einem Freund ab.

Eigentlich wollte sie nur mal eben ein Wochenende wegbleiben, daraus geworden ist eine lange Reise. Nach mehreren Stationen quer durch Deutschland (mit längeren Aufenthalten in Leipzig und Braunschweig) taucht Jenny in der Großstadt Berlin unter. Sie findet schnell Anschluss, lebt mal in Wohnungen von ehemals Obdachlosen, mal unter Brücken, in Abrisshäusern, Parkanlagen oder direkt auf der Straße. Ebenso schnell lernt sie in einer Gruppe obdachloser und illegal in Deutschland lebender Polen ihren wesentlich älteren Freund Marcin, genannt Baki, kennen. Ab diesem Zeitpunkt ist ihr Leben ein täglicher Überlebenskampf, der bestimmt wird durch die Organisation von Essen, Trinken und Geld. Spezialisiert haben sich die beiden auf das Leeren der Mülltonnen an Supermärkten, den sogenannten

»Containern«, in ihrem Revier rund um den U- und S-Bahnhof Jannowitzbrücke, dem Berliner Ostbahnhof und in der Holzmarktstraße. Auf Jagd gehen Jenny und Baki in den Abend- und Nachtstunden. In den Mülltonnen finden die beiden das, was auf den Verkaufstischen der Supermärkte und Läden keine Verwendung mehr gefunden hat. Das sind Lebensmittel mit abgelaufenem Verfallsdatum, Obst und Gemüse mit Druckstellen oder beschädigte Ware. Den Nachschub an Alkohol organisieren sie mit gekonnten Diebeszügen in ihnen bekannten kleineren Verkaufsstellen. Es ist sehr leicht für beide, klauen zu gehen. Sie haben den schnellen Griff zur Flasche perfektioniert. Erwischt werden die beiden selten, und falls doch, dann gibt Jenny ihre Heimatadresse an und Baki den obdachlosen Polen – den gibt es ja sowieso nicht in Berlin. Die Polizei lässt beide immer wieder laufen. Sie einzusperren ist teuer; länger als eine Nacht sind sie nicht in polizeilichem Gewahrsam.

Um nicht nur zu stehlen, setzen sie auch eigene Ideen zum Geldverdienen in die Tat um. Gemeinsam putzen sie an Straßenkreuzungen Autoscheiben, um dafür ein paar Cent zu bekommen, »schnorren« am Berliner Ostbahnhof oder vor Einkaufszentren. Ihre anfänglichen Bemühungen, für ihr Geld zu arbeiten, sind jedoch begleitet von Übergriffen anderer Obdachloser. Konkurrenzkämpfe innerhalb der Szene, Diebstahl ihres Eigentums während des Schlafens auf Bahnhöfen, unter Brücken oder auf öffentlichen Plätzen erschweren das Leben ohne sichere Rückzugsmöglichkeiten und Entspannungsorte. Wenn die Tageseinnahmen nicht stimmen, Baki wieder etwas für seinen eigenen Bedarf abzweigt oder gar Konkurrenten ihnen ihren »Schnorrplatz« streitig machen, gerät Jenny in aggressive, teils sogar gewalttätige Attacken gegen alles und jeden. All diese Rückschläge lassen Jennys Toleranz- und Frustrationsgrenze gegen null sinken.

Kontaktaufnahme und Beziehungsaufbau

Ja, es stimmt, es ist stets das erste »Hallo«! Diese erste Kontaktaufnahme ist immer wieder aufregend für mich – und niemals ist vorhersehbar, wie sich ein solcher Moment entwickelt. Ich habe natürlich im Vorfeld einiges über Jenny und ihren Freund gewusst, ich habe mir auch meinen eigenen Fahrplan zurechtgelegt, doch wie es im Leben oft anders kommt als geplant, so entwickelt sich ebenso hier eine eigene Dynamik. Jenny und Baki finde ich unter der Michael-Kirch-Brücke. Hierher, unter »ihre« Brücke, ziehen sie sich zurück, wenn sie Stress mit der Polizei oder den eigenen Kollegen haben oder wenn sie einfach nur für sich sein wollen. Ihre ganz besondere Situation,

Momentaufnahme meiner Arbeit – die Kontaktaufnahme

als Liebespaar auf der Straße zu leben, die privatesten Bedürfnisse immer unter der Beobachtung anderer zu erleben und so nur ganz selten intime Momente des Alleinseins spüren zu können, diese Seite des Lebens Obdachloser wird mir unter dieser Brücke so sehr klar. Die beiden haben dort an ihrem Rückzugsort eine Matratze, auf der sie schlafen, hier machen sie oft auch Feuer, an dem sie sich wärmen, und hier können sie das Wasser der Spree für eine Grundhygiene nutzen. Es ist ihr Platz, ich bin Eindringling und verhalte mich dementsprechend. Zurückhaltend beobachte ich vorerst nur, lasse beide machen, stelle wenige Fragen und zeige mich ihnen sehr zugewandt und mitfühlend. Es ist noch nicht der große Moment sozialpädagogischen Wirkens, es sind diese stillen Augenblicke einer Beteiligung und des Dabeiseins im Leben von Fremden.

Jenny begrüßt mich in ihrer Art sehr aufgeschlossen und neugierig, Baki dagegen verfolgt die Szenerie wie durch einen Schleier seiner glasigen Augen. Erst als Jenny ihn zusammenstaucht, ihn dazu auffordert, aktiv zu werden und sich auch einmal um die gemeinsamen Hunde zu kümmern, kommt Leben in seinen Körper. Die Situation droht zu eskalieren. Sie nicht entzweiend, sondern beide gleichermaßen beachtend, werde ich mehr und mehr meiner Profession gerecht. Ich will nicht der Kumpel oder Saufkumpan werden, ich will mit Jenny arbeiten. Somit mache ich ihr den Vorschlag, den angestammten Platz zu verlassen, etwas zusammen zu laufen und auf neutrales Territorium zu wechseln. Bereits vorher hatte ich mir dafür eine Location ausgesucht und mir vorgenommen, dort das Anamnesegespräch mit Jenny zu führen.

WAS WIRD BEI EINEM ANAMNESEGESPRÄCH IN DER SOZIALARBEIT BESPROCHEN?

Bei der Anamnese handelt es sich um die »....Sammlung, Systematisierung und diagnostische Verarbeitung von Informationen

- *zum biografischen Hintergrund (harte Fakten),*
- *zu gegenwärtigen und früheren körperlichen Zuständen sowie Verhaltensweisen und Erlebnissen eines Individuums in seinem sozialen Umfeld (unter Berücksichtigung der gestörten und nicht gestörten Komponenten),*
- *zu den verursachenden, auslösenden, aufrechterhaltenden und beitragenden Bedingungen,*
- *zu prognostischen Entscheidungen mit oder ohne nachfolgenden Maßnahmen.«*

Wieder ist es ein Platz an der Spree, es ist ein Ort im Umfeld um den Berliner Ostbahnhof, dem für Jenny bekannten Territorium, in dem sich ihr und Bakis Leben abspielt, und ich muss diesen ganz bestimmten Moment abpassen. Im ersten Gespräch mit Jenny ist es wichtig, sie in den Gefühlszustand zu versetzen, gerne mit mir reden zu wollen. Nichts habe ich auf der »Haben-Seite«, außer meinem Mitgefühl für ihr Leben. Was mir gelingen muss, ist doppelt schwer, weil ich einerseits den berühmten Fuß in die Tür bekommen will, andererseits aber auch einen Augenblick erwischen muss, der Jenny eine aktive Teilnahme am Inhalt unseres Gespräches möglich macht. Jenny darf nicht ihrem »Flattermann« zum Opfer fallen, nicht unter Entzugserscheinungen leiden, und sie darf nicht zu viel getrunken haben, um nicht mehr aufnahmefähig zu sein. Es ist ein Tanz auf dem Seil. Bereits in den ersten Stunden meiner sehr langen Zusammenarbeit mit Jenny erkenne ich die Wichtigkeit des Ausnutzens der »Spiegeltrinker-Pegel-Phasen« als einzige Momente aktiver Intervention.

WAS VERSTEHT MAN UNTER INTERVENTION?

Die Sozialpädagogik hat ihren eigenen, für ihre Interventionen geeigneten Maßstab: nämlich sich in erster Linie um die Probleme zu kümmern, die die Menschen haben. Das heißt, die Not der Kinder und die der anderen Familienmitglieder sollen die Aktivitäten des Sozialarbeiters steuern. Der Sozialarbeiter hat ein Repertoire an Methoden, die er ziel- und klientenorientiert einsetzt.

In diesen Augenblicken, in denen Jenny bewusst meine Anwesenheit wahrnimmt, wir uns unterhalten oder gemeinsam etwas unternehmen, erlebe ich jedes Mal einen wunderbar einfühlsamen Menschen, eine junge Frau, die überdurchschnittlich intelligent, sehr sensibel und sympathisch ist. Jenny besticht vor allem durch ihre Sichtweise auf die eigene Situation. Sie erkennt den Anteil ihrer Eltern an ihrer Entwicklung, realisiert, welchen rapiden körperlichen Verfall sie durchlebt, und weiß um ihren exzessiven Alkoholkonsum. Manchmal gelingt ihr sogar der Blick in die Zukunft. Was sie dort erkennt, lähmt ihre Motivation und macht sie träge.

Wiederbegegnung zwischen Mutter und Tochter – Baki wird zum Lebensmittelpunkt von Jenny

>> Die Straße – oder Beziehungen zum Überleben

Unverständlich für Außenstehende, aber für Eingeweihte nachvollziehbar, wird Baki zu Jennys Lebensmittelpunkt. Er gibt Jenny täglichen Halt, ihm muss sie nichts erklären, er beschützt sie und ist immer in ihrer Nähe. Diese Co-Abhängigkeit wird immer bedrohlicher. Das gefährliche Leben auf der Straße erscheint einfacher, wenn sie mit Baki zusammen ist, zumindest nach Jennys Empfinden. Trotz ihres trostlosen Alltags lachen Jenny und Baki sehr viel. Der Humor, den die beiden leben, ist so individuell und gleichzeitig kaum vorstellbar. Sie entwickeln eine Sprache, die nur sie beide verstehen – eine Phantasiesprache aus Deutsch und Polnisch. Jenny kennt sich mit den deutschen Gegebenheiten sehr gut aus und kann die deutsche Sprache, Baki schöpft aus dem reichen Erfahrungsschatz seines mehr als achtjährigen Lebens als Obdachloser. Diese Kombination macht sie zu einem »unschlagbaren Team«. Gekennzeichnet ist die Beziehung der beiden aber stets auch von einem aggressiven Miteinander und von gegenseitigen körperlichen Verletzungen und Beschimpfungen. Ihr Alkoholkonsum – es gibt Tage, an denen sie zusammen vier Flaschen Schnaps trinken – wirkt sich zunehmend auf ihre Gesamtkonstitution aus. Typische Krankheiten der Straße wie Schleppe und Krätze – beides ansteckende Hauterkrankungen – und die zunehmende Alkoholsucht mit all den Facetten wie epileptische Anfälle, Verkrampfungen, akute lebensbedrohende Zusammenbrüche oder Deliriumsphasen häufen sich. Baki und Jenny werden Stammgäste in den Berliner Notfallkliniken. Kurzfristige Entgiftungen oder lebenserhaltende Maßnahmen sind an der Tagesordnung. Den Grad ihrer Alkoholsucht verdrängt sie. Ärzte nutzt sie für die kurzfristige, akute Hilfe. Als mahnende Instanz lehnt sie die Götter in Weiß jedoch ab. Jenny will nicht hören, dass ihr Gamma-GT-Wert der Leber inzwischen das Zwölffache des normalen Wertes beträgt (41 GGT sind, laut Aussage des Arztes, normal in diesem Alter. Jenny hatte mit 17 Jahren 546 GGT).

WAS IST DER GGT-WERT?

Der Gamma-Glutamyl-Transferase-Wert im Blut ist ein sehr empfindlicher Anzeiger einer Erkrankung der Leber, der Gallenwege und des Alkoholismus. Besonders alkoholbedingte Leberschäden und Abflussstörungen der Galle erhöhen die GGT-Werte.

>> Scheitern auf der ganzen Linie

Nach wie vor hält Jenny nur noch sporadisch Kontakt mit ihrer Mutter, wenn überhaupt, dann übers Telefon. Die Großmutter mütterlicherseits, die sich seit Jahren sehr um ihre Enkelin Jenny bemüht, übt starken Druck auf Jennys Mutter aus. Die Oma und Jennys Tante, die Schwester der Mutter, drängen immer wieder darauf, dass Jennys Mutter das Kind von der Straße holt. Schließlich gehen Großmutter und Tante zum Jugendamt in Suhl und bitten um Hilfe, weil sie das Nichtstun der Eltern nicht begreifen. Die Gleichgültigkeit und Überforderung der Eltern aus Sicht der Verwandten ist unerträglich. Das Jugendamt Suhl ist mit der formulierten Bitte um Unterstützung auf allen Ebenen überfordert. Auch hier gibt es die erhoffte Lösung nicht. Warum die Eltern Jenny nicht suchen, ist für alle Beteiligten unverständlich.

Mutter und Vater haben seit Jahren die Stadt Suhl nicht verlassen, immer mit der Begründung, sie hätten kein Geld, eine Bahnfahrkarte zu kaufen. Über die Jahre isolierten sich die beiden immer mehr. Die Anonymität im Neubaugetto unterstützt und fördert diese Situation. Die Eltern haben es verlernt, andere um Hilfe zu bitten oder sich Unterstützung zu holen. Sie haben zu niemandem mehr Kontakt, verlassen die Wohnung nur noch zu zweit, um den Hund auszuführen und um Lebensmittel und Alkohol einzukaufen. Einfache Handlungen wie eine Fahrkarte zu organisieren, eine Reise zu planen, ein Zimmer zu buchen werden für sie zum Albtraum. Deshalb gerät es für sie auch zur Unmöglichkeit, sich in ihr Auto zu setzen und ihre Tochter in einer fremden Stadt zu suchen.

MEINE EINSCHÄTZUNG: *Wenn die Eltern wie in diesem Fall selbst nicht oder nicht mehr in der Lage sind, aktiv zu werden, sollten die innerfamiliären Beziehungen genutzt werden. Die Familie weiß in der Regel Bescheid, die Hemmschwelle zur »Wahrheit« ist niedriger. Vielleicht hätten Aktivitäten der Großeltern oder der Tante den weiteren Weg Jennys in die Isolation verhindert.*

Jenny verschwindet immer mehr im Sumpf der Großstadt Berlin. Ihre Lebensumstände zeichnen sich zunehmend an ihrem Äußeren ab, aber auch an ihrem Gesundheitszustand. Mangelnde Hygiene, Fehlernährung, Drogen- und Alkoholkonsum führen zum Aufschwemmen des Körpers, zu starken Entzugserscheinungen schon am Morgen, zu Leberwerten, die kurz vor dem Nachweis irreparabler Schäden liegen. Jenny entscheidet sich trotz dieser finsteren Prognose für das Leben fernab der Normen, Regeln und Erwartungen der Gesellschaft. Ihre Gemeinschaft hat feste Treffpunkte in der Stadt, ihr Leben funktioniert nach eigenen Prinzipien. Sie lebt in einer parallelen Welt zu denjenigen, die zur Arbeit gehen, jeden Morgen die U- oder S-Bahn benutzen oder im Supermarkt einkaufen. Jenny nimmt zu diesen Menschen nur Kontakt auf, um Geld oder Lebensmittel zu erbetteln. Sie glaubt nicht mehr an diese Gesellschaft, sie ist resigniert und hoffnungslos. Sie hat Angst, wieder abgelehnt, beschimpft, ausgelacht, ausgenutzt oder missbraucht zu werden. Aber Jennys Geschichte beginnt nicht erst bei den ungünstigen Bedingungen, die die Straße bietet.

Jenny verschwindet immer mehr im Sumpf der Großstadt

ZUSAMMENFASSUNG

Es gibt sicher vielfältige Faktoren, doch ich will mich im Fall Jenny auf drei Schwerpunkte beschränken. Aus meiner Sicht, sind diese:

1. das Verdrängen des eigenen Suchtverhaltens der Eltern und deren unkritischer Umgang damit,
2. die zunehmende emotionale Vernachlässigung des eigenen Kindes,
3. die Unfähigkeit, der sozialen Ausgrenzung durch Verlust des Arbeitsplatzes entgegenzuwirken.

MEINE SICHT DER DINGE

1. Suchtverhalten

Es ist hilfreich, wenn Eltern es schaffen, selbstkritisch über den eigenen Drogenkonsum zu reden. Wie bei vielen anderen Themen auch sollen sich die Eltern hier nicht selbst an den Pranger stellen. Es geht vielmehr darum, in Gesprächen, in denen es beispielsweise um den Konsum von Alkohol geht, einfließen zu lassen, dass man schon mal »einen über den Durst trinkt«, dass sich das Kind daran aber nicht unbedingt ein Beispiel nehmen muss. Je offener solche Fragen zum Fehlverhalten von Erwachsenen diskutiert werden, umso eher lernen

Kinder, dass es Fehlverhalten gibt, dass es aber nicht zur Nachahmung empfohlen ist. Die Ehrlichkeit mit sich selbst überträgt sich auf Ihre Kinder.

2. Emotionale Geborgenheit

Kinder brauchen Liebe, Zuwendung, Wärme und Nähe

Liebe, Zuwendung, Wärme und Nähe sind die lebensnotwendigen Voraussetzungen dafür, dass ein Kind gedeihen und wachsen kann. Wie die Luft zum Atmen, wie Wasser und Nahrung bilden sie die Grundlage für einen psychisch und physisch gesunden Menschen.

Emotionale Geborgenheit verhilft Kindern, erfolgreich ihren Weg zu gehen. Dabei begegnen ihnen Stolpersteine und Hindernisse. Besonders bei persönlichen Misserfolgen brauchen sie die elterliche Unterstützung und Liebe, Bestätigung und emotionale Zuwendung. Wenn diese emotionale Komponente durch materielle Dinge wie Süßigkeiten, Geldgeschenke und Ähnliches alternativ ersetzt wird, lernen Kinder schon frühzeitig, dass für Liebe und Nähe anderes als Ersatz möglich und richtig ist. Die Kinder begreifen schnell, dass man sich in der Not auch mit Schokolade, Bonbons oder Spielzeug über unangenehme Situationen, Erlebnisse, Misserfolge und Gefühle hinwegtrösten und sich damit ein angenehmes Gefühl durch »Sofortbefriedigung« verschaffen kann.

Ich möchte das Ganze noch mehr zuspitzen. Sind es in der Kindheit Bonbons, Schokolade oder andere zuckerhaltige Lebensmittel, werden diese im Jugendalter gegen Cannabis, Alkohol oder weitere Suchtmittel eingetauscht. Die Ursache und die Wirkung ist bei allen Süchten die Gleiche. Mein Apell an Eltern und Erzieher: Wenn Kinder in schwierigen Situationen unsere Hilfe und Unterstützung brauchen, geben Sie sie ihnen. Verschaffen Sie den Kindern keine Linderung durch Ersatz wie Spielzeug, Geld oder Süßigkeiten.

Dies ist ganz sicher im Moment eine schnelle Beseitigung des unliebsamen Problems, aber auf lange Sicht betrachtet treten Störungen bei den Kindern auf, die nur über einen weiten und mühsamen Weg, wieder behoben werden können.

3. Soziale Ausgrenzung durch den Verlust von Arbeit

Bei Familie M. fehlt die Anerkennung durch Kollegen und durch die Gesellschaft. Beide Eltern isolieren sich immer mehr in ihrer eigenen Welt ohne sinnvolle Arbeit, ohne Selbstbestätigung. Wer in der Konsumgesellschaft nicht am Konsum teilnehmen kann, gerät schnell ins Abseits. Es fällt jedem von uns schwer, solche persönlichen Niederlagen nach außen hin zu kommunizieren.

Gerade Eltern tun sich nicht leicht, über dieses Thema mit Verwandten, Freunden und erst recht mit dem eigenen Kind zu reden. Subjektiv fällt es genau dann schwer, die Würde zu behalten und aus dem wenigen, was man hat, das Beste zu machen. Eltern, die die Erfahrung gemacht haben, die Arbeit zu verlieren, werden leicht unsicher, sind oft auch nervös bei den Aufgaben, die in der Erziehung der eigenen Kinder anstehen. Sie neigen dazu, zu resignieren und verfallen viel zu schnell in aggressive Stimmungen, oft mit den entsprechenden Folgen. Diese Eltern verlieren mehr und mehr das Vertrauen in ihre eigenen Fähigkeiten.

Sprechen Sie, dem jeweiligen Alter entsprechend, mit Ihren Kindern in angemessener Sprache über die neue Lebenssituation. Es gibt viele Freizeitgestaltungen, Wochenenderlebnisse und Ferienfreizeiten, die man auch mit wenig Geld ermöglichen kann.

Besonders entscheidend ist, die Freizeit trotz der Geldknappheit zu planen, sich Zeit für die Kinder zu nehmen und die freie Zeit mit ihnen gemeinsam zu verbringen. Es kostet tatsächlich wenig Kraft und Mühe in den nahe gelegenen Park, auf den Spiel- oder Sportplatz zu gehen. Doch die Initiative sollte von Ihnen ausgehen. Beim gemeinsamen Spiel, beim Buddeln oder bei Ballsportarten setzen Sie sich dann mit Ihren Kindern auseinander, Sie erklären Spielregeln und Sie reden miteinander. Es ist zunächst sicherlich leichter, die Kinder durch Berieselung vor Fernseher oder Computer ruhigzustellen, dies lässt aber ansonsten keine gemeinsamen Erlebnisse, Begegnungen und Auseinandersetzungen zu.

DIE GESCHICHTE VON MARLIES

>> Nesthäkchen – diese Rolle ist hier nicht zu vergeben

Marlies wird als viertes Kind der Eheleute B. in Berlin geboren. Die älteren Geschwister sind zu dieser Zeit neun, sieben und zwei Jahre alt. Marlies wächst mit ihren beiden Schwestern und dem Bruder bei ihren Eltern auf. Schon damals versucht der leibliche Vater den anfallenden Alltagsaufgaben und der gemeinsamen Kindererziehung zu entfliehen, die Mutter fühlt sich oft mit der Erziehung der Kinder alleingelassen. So kommt es zwischen den Eheleuten immer häufiger zu Auseinandersetzungen, bei denen die Kinder nicht nur einmal Augenzeugen sind. Nachdem der Vater schließlich auch handgreiflich wird, beschließt die Mutter, der Situation ein Ende zu setzen, damit die Kinder nicht noch größeren Schaden durch die angespannte Lage nehmen. Den einzigen Ausweg, den die Mutter in dieser Situation sieht, ist, sich von ihrem Partner zu trennen und die Kinder allein großzuziehen.

Die Scheidung dauert über fünf Jahre, weil der Vater sich weigert, die notwendigen Formalitäten in die Wege zu leiten. Frühzeitig lernen die Kinder, selbstständig zu werden. Die Mutter bemüht sich, die lebens-

Marlies geht mit 16 Jahren auf die Straße

notwendigsten Arbeiten zu erledigen. Zu den täglich anfallenden Aufgaben gehören Wäsche waschen, Brote für Schule und Kindertagesstätte schmieren und den Einkauf organisieren. Für Aktivitäten mit den Kindern oder deren Förderung bleibt wenig Zeit. Auch für Rituale wie das abendliche Zubettbringen und die Gute-Nacht-Geschichte reicht die Kraft der Mutter nicht mehr.

Die sprachliche Entwicklung und die Konzentrationsfähigkeit stellen sich bei allen Kindern als problematisch dar. Trotzdem erfolgt keine individuelle Förderung durch öffentliche Einrichtungen. Die Erzieherinnen nehmen die Auffälligkeiten der Kinder zwar wahr und besprechen sie mit der Mutter, doch die Hilfsangebote sind unzureichend und werden von der Mutter nicht als günstig empfunden. Bei vier Kindern fühlt sich die Mutter überfordert, zusätzliche Stellen aufzusuchen. Sie ist vollständig damit ausgelastet, die täglich anfallenden Aufgaben zu meistern. Doch die Defizite in der Entwicklung der Kinder zeigen schon bald Nebenwirkungen. Nach Aussage der Mutter versucht die älteste Tochter Marina die Aufmerksamkeit auf sich zu lenken, indem sie lange einnässt. Der Sohn Manuel hingegen kapselt sich total aus der Gemeinschaft ab und geht in die innere Emigration.

INNERE EMIGRATION – WAS IST DAS?

Innere Emigration ist der stille Rückzug von Jugendlichen in eine eigene Welt. Besonders besorgniserregend wird es, wenn Jugendliche jeglichen Gesprächen ausweichen und völlig ziel- und planlos leben. »Das kann bis zu einer echten Depression mit Selbstmordgefährdung führen«, so der Münchner Jugendpsychiater Ulrich Diekmeyer.

Die fast gleichaltrigen Schwestern Marlies und Mandy stehen in ständiger Konkurrenz zueinander und buhlen mit allen Mitteln und Methoden um die Aufmerksamkeit der Mutter. Sie flüchten beide frühzeitig in autoaggressives Verhalten.

WAS VERSTEHT MAN UNTER AUTOAGGRESSIVEM VERHALTEN?

Unter autoaggressivem oder selbstverletzendem Verhalten werden verschiedene Handlungsweisen zusammengefasst, deren gemeinsames Ziel die Beschädigung des eigenen Körpers ist. Es gibt eine Vielzahl fast synonymer Bezeichnungen:

>> selbstdestruktives Verhalten,
>> selbstbestrafendes Verhalten,
>> autoaggressives Verhalten,
>> masochistisches Verhalten,
>> Selbstverstümmelung.

Die Mutter steht unter ständigem Druck, keinem der Kinder die Zuwendung geben zu können, die jedes von ihnen braucht. Der Kreislauf wird zur Falle. Je mehr die Mutter versucht, sich einem Kind zu widmen, desto stärker fühlen sich die anderen vernachlässigt und verstärken die Anstrengungen, Beachtung zu finden. Das Familienleben wird zum Horrortrip.

>> Umwelt formt den Menschen

Auch in den Einrichtungen werden die Kinder als auffällig wahrgenommen. Die älteste Tochter kann keine Distanz wahren, überschreitet häufig persönliche Grenzen von Gleichaltrigen und Erwachsenen. Der ältere Bruder zieht sich völlig zurück und verschließt sich. In der Klasse wird er als Außenseiter abgestempelt. Jedes Kind der Familie B. ist auf seine Weise schwer in die Gemeinschaft integrierbar, kann in Konfliktsituationen nicht angemessen reagieren und verweigert schon sehr zeitig schulische Pflichten. Die Mutter sucht Hilfe beim Jugendamt und anderen unterstützenden Institutionen.

Lebensweg – Schwierigkeiten unter Geschwistern

Boykottieren die Kinder anfänglich nur Hausaufgaben und das Üben für anstehende Tests, weitet sich das Protestverhalten bald auf die Regeln zu Hause aus. Die älteste Schwester bleibt schon mit zwölf Jahren manches Mal bis zwei Uhr nachts draußen, ihr Mobiltelefon lässt sie abgestellt. So bleibt der Mutter nichts weiter übrig, als die Tochter auf der Straße zu suchen. Im nahe gelegenen Park, in dem die Mutter Marina findet, konsumiert die Zwölfjährige alles, was sie in einen Rausch versetzt. Nach Hause geht sie nur widerwillig und nutzt jede weitere Gelegenheit, sich dem häuslichen Umfeld zu entziehen. Jedes Mal, wenn Marina wieder nicht rechtzeitig daheim ist, macht sich die Mutter Sorgen, weint und wird immer nervöser und unsicherer. Sie macht sich Vorwürfe, versagt zu haben und die Erziehung der Zwölfjährigen nicht mehr in den Griff zu bekommen. Auch bereitet es ihr Kopfzerbrechen, wie die anderen Geschwisterkinder dieses Verhalten aufnehmen könnten.

Marlies und Mandy, die jüngeren Geschwister, leiden sehr unter dieser Situation. Sie liegen abends in ihren Betten und hören die Auseinandersetzungen zwischen der älteren Schwester und der Mutter. Die Streitigkeiten ängstigen sie und hinterlassen bei ihnen ein Ohnmachtsgefühl, weil sie keine Versöhnung wahrnehmen können und sich dieses Verhaltensmuster Abend für Abend wiederholt. Eine Besserung der Situation ist nicht in greifbarer Nähe.

Alle Hilfsangebote von außen sind zeitlich begrenzt und helfen kurzfristig nur so weit, dass die Situation nicht völlig eskaliert. Das Jugendamt setzt eine Psychologin als Familienhelferin ein.

WAS MACHT EIN FAMILIENHELFER?

Ein Familienhelfer oder, allgemeiner gesagt, sozialpädagogische Familienhilfe ist eine ambulante Hilfe zur Erziehung. Sie ist gesetzlich geregelt im §31 des KJHG (Kinder- und Jugendhilfegesetz): »Sozialpädagogische Familienhilfe soll durch intensive Betreuung und Begleitung Familien in ihren Erziehungsaufgaben, bei der Bewältigung von Alltagsproblemen, der Lösung von Konflikten und Krisen sowie im Kontakt mit Ämtern und Institutionen unterstützen und Hilfe zur Selbsthilfe geben. Sie ist in der Regel auf längere Dauer angelegt und erfordert die Mitarbeit der Familie.«

Die Familienhelferin soll die Situation in der Familie analysieren und der Mutter helfen, klare Regeln und Grenzen aufzuzeigen. Marlies' Mutter empfindet die Therapeutin als große Unterstützung. Für drei Monate ist die Familienhelferin in der Familie, danach soll es Frau B. selbst schaffen. Es gelingt ihr genau eine Woche, die zuvor erlernten Regeln im Alltag aufrechtzuerhalten. Dann lässt ihre Kraft nach, konsequent zu sein, die Familie verfällt wieder in den alten Trott. Die Mutter resigniert und kann nur resümieren, dass der mit der Familienhelferin geübte Ansatz zwar gut ist, ihr aber die Ausdauer und Energie fehlen, um durchzuhalten. Zu diesem Zeitpunkt wäre hier eine länger andauernde Familienbegleitung vonnöten gewesen.

MEINE EINSCHÄTZUNG: *An dieser Stelle zeigt mir meine jahrelange Berufspraxis, dass die Spätfolgen zu früh beendeter Interventionen bei den Familien den Staat bei weitem mehr kosten als eine Verlängerung der Maßnahme.*
Marlies ließ sich inzwischen (Mai bis August 2009) freiwillig stationär aufnehmen, um über die Krisen, die sie über Jahre geprägt haben, hinwegzukommen und an sich zu arbeiten. Es wird viele Therapiestunden und Klinikkosten verursachen, bis sie ein Lebensmodell entwickelt, um ihr Leben selbst in den Griff zu bekommen.
Hier möchte ich alle Mütter und Väter ermuntern, auf Hilfe von außen zu drängen. Wenn eine familienbegleitende Maßnahme für Sie alle als wohltuend empfunden wird, dann setzen Sie alle Hebel in Bewegung, dass diese nicht vorzeitig beendet wird. Die Ämter haben in Zeiten der Geldnot natürlich Vorgaben, wie lange eine Maßnahme dauern kann. Es gibt aber immer auch Einzelfallentscheidungen. Natürlich ist nicht die monetäre Argumentation ausschlaggebend, leider hängen wir aber alle davon ab.

Die familiäre Situation bei Familie B. kippt erneut. Die älteste Schwester kommt gar nicht mehr nach Hause, und die Familie hört auch lange Zeit nichts mehr von ihr. Niemand in der Familie möchte darüber reden, auch die Geschwister fragen nicht nach, welche Gründe es für Marinas Weggehen geben könnte. Der Alltag geht weiter. Die Mutter ist über jeden Schritt der Kinder in die Selbstständigkeit glücklich. Mit sechs Jahren essen die Kinder alleine ihr Frühstück und schmieren sich die Pausenbrote für die Schule selbst. Sie lernen frühzeitig, in den nahe gelegenen Supermarkt zu gehen und die Einkäufe zu erledigen.

Eine neue Partnerschaft erlebt Frau B. ebenfalls als Entlastung, kann sie doch mit einem Erwachsenen die alltäglichen Dinge des Lebens besprechen und sich Rat und Unterstützung holen. Auch wenn der Partner nur die Wochenenden mit ihnen verbringt, hat sie zumindest die Möglichkeit, am Telefon ihr Herz auszuschütten. Für die Kinder ist dieser Mann jedoch kein Vater. Den Alltag gestaltet Mutter B. nun so, dass an den Wochenenden Zeit bleibt für gemeinsame Ausflüge und Aktivitäten mit dem neuen Partner und den Kindern.

Da die Mutter viel Zeit für die Pflege und Fürsorge der Kinder braucht, geht sie keiner Arbeit nach. Sie schafft es trotz des wenigen Geldes, das ihnen zur Verfügung steht, dass immer genug Essen und ordentliche Kleidung vorhanden sind.

Der Blick über den Tellerrand hinaus

Familienreisen und kostspielige Ausflüge lässt das knappe Haushaltsbudget der Familie nicht zu. Wiederum wendet sich die Mutter an das Jugendamt und bittet um Unterstützung. Für Kinder, deren Eltern mit dem Lebensminimum auskommen müssen, gibt es die Chance, über verschiedene Träger der Jugendhilfe Ferienreisen ermöglicht zu bekommen. Der Zuschuss zu den Reisekosten richtet sich prozentual nach dem Einkommen der Eltern.

Für die jüngeren Kinder Marlies und Mandy eröffnet sich nun die ungeahnte Möglichkeit, Berlin in den Ferien den Rücken zu kehren und auf das Land zu reisen. Sie verbringen fast alle Sommerferien ohne ihre Mutter in Pflegefamilien, zum Teil in der Schweiz. Dort erleben beide, in unterschiedlichen Familien, ein Gemeinschaftsleben, das sich von ihrer Situation zu Hause vollständig unterscheidet. Die Gastfamilien haben viele eigene Kinder. Hier schaffen es beide, sich in eine Großfamilie zu integrieren und in deren Alltag einzupassen. In den Pflegefamilien werden die Mahlzeiten gemeinsam eingenommen, Gespräche finden in ruhiger Atmosphäre statt, zusammen werden Ausflüge unternommen. Beide Mädchen übernehmen Aufgaben und Pflichten in der Gastfamilie, decken für die Gemeinschaft den Tisch oder waschen Geschirr ab. Sie werden für Gelungenes gelobt und ihnen werden unbekannte Handhabungen erklärt. Es gibt keine lautstarken Auseinandersetzungen und keine weinende Mutter, die sich Sorgen machen muss. Die Anspannung fällt von ihnen ab, sie können nach Monaten endlich ruhig einschlafen und entspannen.

Auf dem Hof der Familie, bei der Marlies viele Jahre ihre Ferienzeit verbringt, gibt es Pferde, um die sich das Mädchen kümmern darf. Der Umgang mit den Tieren hat auf Marlies eine große Wirkung. Sie fühlt sich für die Pferde verantwortlich und pflegt sie mit viel Geduld. An den Körper der Tiere kann sie sich anschmiegen, sie empfindet ihre Nähe als wohltuend und beruhigend. Hier kann sie von dem Stress und den psychischen Belastungen von zu Hause abschalten. Dem Pferd muss Marlies aber auch zu verstehen geben, wer die Führende ist. Nur so kann Marlies das Tier bei einem Ausritt beherrschen und wird nicht abgeworfen.

Beide Mädchen, sowohl Marlies als auch Mandy, genießen diese Auszeit vom häuslichen Chaos an unterschiedlichen Orten. Beide fügen sich in die Gemeinschaft ein und werden für diese begrenzte Zeit Teil der Familien. Marlies erzählt noch heute mit viel Wärme in der Stimme über ihre Erinnerungen aus dieser Zeit. Sobald die Mädchen aber nach Hause zurückkommen, verfallen sie wieder in ihre alten Muster.

Geschwister und Konkurrenz

Der Mutter fällt es schwer, Gefühle zu zeigen und den Kindern zärtliche Zuwendung zu geben. Marlies und Mandy stehen in ständigem Konkurrenzkampf um die Liebe der Mutter.

Das geht bei Marlies' Schwester Mandy so weit, dass sie sich einen besonderen Plan überlegt. Wenn sie Mutters volles Interesse haben will, muss ihr etwas Schlimmes passieren. Sie plant über Wochen genau, wie sie einen Verkehrsunfall verursachen kann, bei dem sie nicht so schwer verletzt wird, aber viel Aufmerksamkeit im Krankenhaus bekommt. Die Tragik nimmt ihren Lauf, der Verkehrsunfall am Morgen kurz vor Schulbeginn passiert. Schwer verletzt muss Mandy zwei

Streit zwischen den Schwestern – die Mutter sitzt zwischen den Stühlen

Jahre im Krankenhaus, dann in einer Rehabilitationsklinik und später in psychologischer Betreuung verbringen. In dieser Zeit beschäftigt sich die Mutter intensiv mit ihr, und Marlies ist oft sich selbst überlassen. Das Mädchen leidet sehr unter der Situation, und der Hass auf ihre ältere Schwester steigt. Bei Besuchen der Mutter im Krankenhaus äußert Mandy jedoch immer wieder den Wunsch, Marlies sehen zu wollen. Niemand versteht diese Bitte, gehen doch alle davon aus, dass Mandy die gesamte Aufmerksamkeit auf sich lenken möchte.

Ihre erste Frage nach dem Aufwachen aus der Narkose ist beispielsweise: »Wo ist Marlies?«

Als die Schwester nach langen Monaten der Krankheit wieder nach Hause kommt, streiten die beiden nur noch und knallen Türen. Es kommt zu handgreiflichen Auseinandersetzungen, zu Attacken aufeinander – immer mit dem Ziel, die Zuwendung der Mutter zu erhalten. Diese beherrscht die Situation allerdings überhaupt nicht mehr. Sie ist nur noch in der Lage, jedes Mädchen in sein Zimmer zu sperren und darüber zu wachen, dass sie dies nicht verlassen, um sich anzuschreien oder anzugreifen.

MEINE EINSCHÄTZUNG: *Bei meiner Arbeit erlebe ich immer wieder, dass Streit unter Geschwistern nicht unbedingt eine materielle Ursache haben muss wie beispielsweise der Streit um einen Gegenstand. Es ist auch nicht immer eine Regelverletzung, die Anlass zu Auseinandersetzungen gibt.*
In Familien geht es häufig einzig darum, die Aufmerksamkeit von Mutter oder Vater auf sich zu lenken. Sie wird dafür genutzt, Zuwendung zu erheischen oder gesondertes Interesse zu erfahren. Am Ende des Buches gebe ich Hinweise, wie Sie sich in Streitsituationen verhalten können (siehe Seite 157 ff).
An erster Stelle für Sie als Eltern gilt es aber zu ergründen, was die Ursachen für den Streit sind. Geht es um emotionale Zuwendung, die Kinder auf keine andere Weise signalisieren können, sollten Sie sich von Fachleuten beraten lassen. Erziehungs- und Familienberatungsstellen sind dabei die richtigen Ansprechpartner.

Marlies' Flucht

Die Situation zu Hause eskaliert immer öfter. Die Mutter ist völlig überfordert und froh, wenn die Mädchen außer Haus sind. Immer öfter treffen sich Marlies und Mandy mit ihren unterschiedlichen Cliquen, gehen in die Disco oder in die Kneipe oder hängen einfach nur draußen herum. Zum Schluss kommt Marlies gar nicht mehr nach Hause. Es vermisst sie ohnehin niemand. Die Mutter hat es längst aufgegeben, sich auf die Suche zu machen, ihr hinterherzutelefonieren oder anderweitig Kontakt mit ihrer Tochter aufzunehmen. So zieht Marlies durch die Großstadt und lernt an den bekannten Plätzen in Berlin sehr schnell Leute kennen, die ihr Asyl gewähren. Sie ist humorvoll und liebenswürdig, so dass sie gut Anschluss findet. Marlies lebt selten auf der Straße, sondern kommt immer wieder bei Leuten in deren Wohnungen unter. Die Zerrissenheit in ihr wird größer. Sie will nicht mehr nach Hause zurück, weil die Situation für sie psychisch nicht zu ertragen ist. Andererseits sehnt sie sich nach Nähe und Geborgenheit. Ihren Kummer versucht sie immer häufiger mit Alkohol zu ertränken.

Auf ihren Streifzügen durch die Metropole Berlin lernt sie eine junge Frau Mitte zwanzig kennen. Diese lebt in einer betreuten Wohnung, hat zwei Kinder, die man ihr jedoch von Seiten der Betreuungsbehörden weggenommen hat. Sie ist arbeitslos und wird trotzdem und vielleicht gerade deshalb die Bezugsperson für Marlies. Bei ihr kommt Marlies unter. Mit C. hat Marlies einen Menschen kennengelernt, den sie schnell von sich aus als »Mama« bezeichnet. Zusammen erleben sich die beiden jungen Frauen im Alltag, am Tag und in der Nacht. Manchmal ist C. Partnerin – viel wird gegenseitig geküsst und geherzt –, und dann wieder akzeptiert Marlies strenge Anweisungen. Wenn »Mama« C. sagt: »Marlies, zieh dir den Pullover an, es ist kalt.« oder »Trink nicht zu viel!«, dann folgt Marlies ohne Widerrede. Es entsteht eine Symbiose; der Familienersatz für Marlies ist da.

MEINE EINSCHÄTZUNG: *Die Schwestern Mandy und Marlies kehren ihrem Elternhaus den Rücken zu. Sie haben resigniert und den Kampf aufgegeben. Marlies beendet die Schule zwar in der zehnten Klasse, aber ohne Schulabschluss. Sie ist auf der Suche nach einem Menschen, der ihr Halt, Geborgenheit und Liebe gibt. Damit ist sie so sehr beschäftigt, dass ihr die Anforderungen aus der Umwelt als riesige Hürde erscheinen.*

In dieser Phase lerne ich Marlies und ihre Familie kennen. Für mich wird nicht gleich ersichtlich, warum Marlies es vorzieht, nicht mehr nach Hause zurückzukehren. Bei meinen ersten Gesprächen mit der Mutter erhalte ich ein ganz anderes Bild von Marlies als das, welches ich mir persönlich von ihr gemacht hatte. Aus der Sicht der Mutter ist Marlies depressiv, verunsichert, verletzt sich oft selbst, resigniert völlig. Mir wird klar, dass die Familie sehr skeptisch ist und dass es eines starken Vertrauensaufbaues bedarf. Ich hatte außerdem von Anfang an den Eindruck, dass Marlies und die Mutter eine unterschiedliche Wahrnehmung und einen individuellen Blick auf die Ereignisse der Vergangenheit haben. Die Mutter war sich ihrer Rolle bei den Geschwisterstreitigkeiten nicht bewusst. Dass sie einerseits das »Objekt der Begierde« war und andererseits von den Mädchen für deren Zwecke missbraucht wurde, hatte sie bis zum damaligen Zeitpunkt nicht erkannt.

>> Meine Arbeit beginnt

Zwei Probleme in der Familie standen für mich im Fokus. Ich wollte einerseits den Geschwisterkonflikt bearbeiten, um der Mutter ihre Rolle bei dem Desaster klarzumachen. Andererseits plante ich eine Intervention mit Marlies, die mir die Möglichkeit schaffen sollte, hinter die lustig schnatternde Fassade des Mädchens zu sehen. Für mich ergab es einfach kein Bild, das fröhliche Mädchen zu erleben und auf der anderen Seite zu hören, was diese Familie hinter sich hat.

Für die beginnende Aufarbeitung des ersten Problems sensibilisierte und konfrontierte ich beide Mädchen mit einem ihrer Geschwisterstreits. Bei einem Dreh zur bildlichen Darstellung der Lebenswelt von Familie B. entwickelte sich ein zeitlich zurückliegender Konflikt zwischen den Geschwistern so ausufernd, dass sie die laufende Kamera vergaßen. Alle Beteiligten sind über die Heftigkeit des Streits schockiert, sowohl die direkten Kollegen vor Ort als auch später die Mitarbeiter in der Redaktion. Die Familie ist so in ihrer Rolle festgefahren, dass die »Zaungäste« sie in ihrer für sie so alltäglichen Situation gar nicht stören. Ich überlege lange, ob ich diese Sequenz dem Fernsehzuschauer zeigen soll. Bei der Analyse des Films wird mir klar, dass ich dieses Material aber nutzen kann, um den Geschwistern und auch der Mutter zu zeigen, auf welche Weise sie ihre Streitigkeiten austragen und mit welchem Ziel. Anhand dieses Beispiels können wir uns dem Problem des Geschwisterkonflikts annähern, können zeigen, was in der Familie gelaufen ist und was verändert werden muss.

Ich schaue mir mit Marlies und Mandy Sequenz für Sequenz an und analysiere mit ihnen ihr Verhalten. Sie fühlen sich beide nicht wohl in ihrer Haut, weil sie das erste Mal in ihrem Leben einen Spiegel vorgehalten bekommen. Beim Betrachten ihres Streits auf dem Bildschirm wird ihnen klar, dass ihre Wutausbrüche und Schreiattacken beim Gegenüber gar nicht ankommen. Wir erarbeiten gemeinsam, was sich verändern muss, wenn man zum anderen durchdringen möchte. Schmerzlich klar wird aber auch, dass die Mutter immer Partei für einen der Streithähne ergreift. Sie schlichtet damit nicht den Konflikt und kommt auch nicht zu einer zufriedenstellenden Lösung für beide Streitparteien. Im Gegenteil, sie entfacht damit einen erneuten Zwiespalt bei den Geschwistern und schafft Anlass für weitere Auseinandersetzungen. Das »Ansehenmüssen« ihres Verhaltens (beide Mädchen schreien sich in dieser kurzen Sequenz im Film permanent an), das »Erkennen« ihrer »Du-Botschaften« und die Rolle und das Verhalten ihrer Mutter machen Mandy und Marlies bewusst, was über viele Jahre in ihrer Familie abgelaufen ist.

DU-BOTSCHAFTEN – WER SENDET AN WEN?

Ganz gleich, ob in der Du- oder Sie-Ansprache: Jede Aussage, die auf eine andere Person bezogen ist, wird Du-Botschaft genannt. Du-Botschaften mischen sich in das Verhalten, Fühlen oder Wollen des anderen ein, offenbaren aber nichts oder nur Ungenaues über die dahinterstehenden Probleme des Absenders, da sie nur Aussagen über den Empfänger machen. Beispielsweise: »Immer räumst du dein Zimmer nicht auf.« oder »Du hast überhaupt keine Ahnung.« Du-Botschaften wirken sich in vielen Fällen ungünstig auf die Kommunikation aus.

Sie können
>> verletzen,
>> Widerstand hervorrufen,
>> Schuldgefühle verursachen,
>> als Tadel, Herabsetzung und Ablehnung empfunden werden,
>> das Selbstwertgefühl der angesprochenen Person mindern,
>> als Missachtung oder Bestrafung empfunden werden.

Das Gegenteil von Du-Botschaften sind Ich-Botschaften. Ich-Botschaften senden heißt, mit den Menschen, denen man begegnet, offen, ehrlich und direkt umzugehen, ohne sie zu verletzen oder anzugreifen. Beispielsweise »Ich sorge mich, wenn du nicht anrufst, falls du später nach Hause kommst.« oder »Ich habe das Gefühl, dass du mich nicht verstanden hast.«

Mit offenen Augen und Mündern erleben sich beide Geschwister beim Betrachten der Filmaufnahmen in einem Aha-Effekt völlig neu. Auch ihre Nähe zueinander wird ihnen auf einmal deutlich. Es war ein Glücksumstand, dass ich mittels Videomitschnitt in der Lage war, plastisch und akustisch-visuell aufzuzeigen, wo die Defizite bei den

Geschwisterstreitigkeiten liegen. Es war nicht ihr Hass aufeinander, es war die Unfähigkeit ihrer Mutter, in solchen Momenten der Eskalation eine konsequente Position zu beziehen. Immer wieder nahm die Mutter, oft ohne nachvollziehbare Erklärungen, mal für die eine, mal für die andere Tochter eine unterstützende Position ein. Ein derart eingeschliffenes Verhaltensmuster verhindert den angemessenen Umgang mit Konflikten und führt nicht zu Kompromissen, die für eine Beilegung des Streits aber dringend notwendig sind.

Faszination Pferde

Für den Versuch, hinter die Fassade von Marlies zu blicken, muss ich eine sehr enge Beziehung zu ihr aufbauen. Ich frage mich, was kann Marlies gut, wo liegen ihre Stärken? In meinem Anamnesegespräch habe ich von Marlies erfahren, wie gut sie mit Pferden umzugehen versteht. Deshalb fahre ich mit ihr zu einem mehrtägigen Aufenthalt auf einen Reiterhof. Dieser Hof wird von einer Familie betrieben, die ähnliche Strukturen aufweist wie die Familie in der Schweiz, bei der Marlies in den Schulferien ihren Urlaub verbrachte. Marlies ist in ihrem Element! Die Pferde haben für Marlies eine Faszination, die ich leider nicht teilen kann. Ich sollte reiten lernen. Dabei musste ich versuchen, mich Marlies anzuvertrauen und dabei noch auf dem Pferderücken zu liegen.

Ich habe mit Marlies im Stall gearbeitet, Heu gemacht, ausgemistet und lange Gespräche mit ihr geführt. Endlich wurde Marlies echt. Sie ließ ihre Fassade bröckeln, ließ mich als Pädagogen zu. Diese gemeinsame Reise war der Schlüssel zu Marlies' Seele. Sie vertraute sich mir an, und endlich konnte ich beginnen, ernsthaft mit ihr zu arbeiten.

Heute noch, lange nach Beendigung der Dreharbeiten, ruft mich Marlies an. Wir planen zusammen ihre Zukunft, sie informiert mich über Neuigkeiten in ihrem Leben, sie lässt mich teilhaben und fragt nach meinem Rat. Unser Verhältnis zueinander ist ehrlich und für Marlies eine verlässliche Unterstützung. Inzwischen hat sie eine zwölfwöchige freiwillige Therapie in einer psychotherapeutischen Klinik hinter sich und wohnt jetzt in einem betreuten Wohnprojekt. Marlies lernt mehr und mehr, über sich und ihr Leben nachzudenken.

ZUSAMMENFASSUNG

Die ersten Jahre müssen die Kinder die Streitereien und Auseinandersetzungen der Eltern miterleben. Sie lernen Gewalt als Mittel in Auseinandersetzungen kennen und verinnerlichen dies. Gehen sich die Mädchen anfänglich verbal an, nutzen sie später auch körperliche Übergriffe, um ihre Überlegenheit unter Beweis zu stellen. Durch das Videomaterial wird den Mädchen klar, dass sie diesen Umgang miteinander über Jahre gelebt haben und sich niemand daran gestört hat. Keiner in der Familie nahm Anstoß oder fand es unnormal. Die Eltern hatten es schon in ihren Ursprungsfamilien nicht anders erlebt. Die in ihrer Familie konditionierten Verhaltensmuster, wie mit Konflikten umgegangen wird, saßen zu tief, um andere Modelle für sich als hilfreicher zu entdecken. Was ich in dieser Familie erlebt habe, ist ein Extremfall. In abgeschwächter Form sind Rivalitäten unter Geschwistern aber ein allgemeines Phänomen und lassen mich zu allgemeinen Schlussfolgerungen kommen:

1. Streiten will gelernt sein. Eltern müssen viel aushalten und sich raushalten.

2. In Streitsituationen sollten Eltern distanziert sein, aber die Sache im Auge behalten.

MEINE SICHT DER DINGE

1. Streiten lernen

Streit unter Geschwistern gehört in jeder Familie zum Alltag dazu. Er bietet Kindern das Übungsfeld, Gefühle wie Hass, Neid und Rivalität offen auszutragen. Die Familie ist der sicherste Ort, um Konflikte miteinander auszufechten. Als Eltern müssen wir oft aushalten, dass es auch einmal hoch hergehen kann. Es fällt nicht immer leicht abzuwarten, die Kinder streiten zu lassen und erst einzugreifen, wenn der Nachwuchs nicht zu einer eigenen Lösung finden oder gewalttätig werden.

Oft ist der Auslöser des Streits aber gar nicht der wahre Grund. Kinder versuchen, mit Auseinandersetzungen Eltern auf ihre Seite zu ziehen. Sie buhlen um mehr Aufmerksamkeit, Zuwendung oder auch Liebe. Gerade wenn der Altersunterschied sehr gering ist, haben Kinder ein Gefühl von Rivalität. Sie befürchten, die Liebe der Eltern könnte sich doch mehr dem Geschwisterkind zuwenden.

Kinder lernen von uns Eltern. Je eher wir in der Lage sind zu erkennen, dass Streitigkeiten auch eine Chance sind, umso eher sehen wir diese Auseinandersetzungen nicht mehr als bloße Nerverei. Geht es in den ersten Jahren bei Geschwistern um reinen Egoismus, Dinge für sich allein zu besitzen, steht in der Grundschulzeit schon der Austausch von Waren im Vordergrund. Gibst du mir das, gebe ich dir das dafür. Nicht selten geraten aber Kinder darüber in Streit, weil sich eines übervorteilt fühlt. In dieser Phase können wir als Eltern unterstützen und bei den Verhandlungen moderieren oder schlichten.
In der letzten Phase appellieren die Geschwister an die Moral des

anderen, verabreden, sich an Regeln zu halten, ja schließen sogar Verträge ab. Jetzt gehört es auch dazu, Strafen zu vereinbaren und festzulegen, wie mit Verstößen umgegangen wird.

Dies alles funktioniert aber nur, wenn wir uns selbst nicht zum Spielball unserer Streithähne machen lassen. Wenn Eltern Streit ständig unterbinden, nicht die Chance, die darin liegt, erkennen und wenn jede Auseinandersetzung im Keim erstickt wird, geht den Kindern ein wesentliches Übungsfeld für soziale Kompetenz verloren. Die Kinder werden als Erwachsene nicht in der Lage sein, in einer Beziehung zum Partner oder Arbeitskollegen ihren Standpunkt vorzutragen, mit Kritik umzugehen oder Frustrationen auszuhalten.

Weiterhin müssen wir uns als Eltern fragen, ob wir selbst immer so friedfertig sind, wie wir unsere Kinder gern hätten? Finden *wir* immer einen Kompromiss und eine einvernehmliche Lösung? Bevor wir also immer einen klugen Satz wie »Es gibt für alles eine Lösung« parat haben, sollten wir uns unserer Vorbildwirkung bewusst werden. Eltern müssen in der Lage sein, unterschiedliche Standpunkte vorzutragen, die Meinung des anderen stehen zu lassen, nicht zu kommentieren. Dann müssen sie versuchen, einen Kompromiss zu finden. Nur so können sie den Kindern vermitteln, dass es in Ordnung ist, unterschiedliche Standpunkte zu haben, aber dass es in diesem Moment zählt, eine gemeinsame Lösung zu finden, sonst stecken beide Parteien fest.

2. Distanz wahren

Wenn sich Geschwister oder Gleichaltrige streiten, wahren Erwachsene eine Distanz. Bei Kindern geht es in Streitsituationen oft sehr emotional zu. Wenn wir uns als Eltern auf die eine oder andere Seite schlagen, kann das sehr schnell als Liebesbeweis beziehungsweise von der anderen Seite als Liebesentzug verstanden werden. Es geht in solchen Situationen aber nicht um emotionale Zuwendung, sondern um die Klärung einer Sachlage und die Gefühle, die sich für die Streitparteien dahinter verbergen. Was wollen die beiden Streitpartner erreichen, und wie können wir gemeinsam zu einer Lösung kommen, wie unsere Gefühle auch anders ausdrücken? Das sind die Fragen, die in der Familie tatsächlich geklärt werden sollen.

Gut gemeinte Ratschläge taugen selten etwas, wenn die Kinder erzürnt und wütend aufeinander losgehen. Wenn es um einen Gegenstand geht, den jeder haben möchte, hilft es oft eher, diesen sicherzustellen und abzuwarten, bis sich die Gemüter wieder beruhigt haben. Handelt es sich um einen Regelbruch, sollte man als Erwachsener eine Lösung anbieten und dann jedem Streitpartner Zeit geben, darüber nachzudenken. Schließlich geht es darum, ein Gleichgewicht für die Streitenden zu finden und einen gemeinsamen Weg zu entwickeln, so dass am Ende alle gut mit dem Kompromiss leben können.

DIE GESCHICHTE VON CENGIZ

>> Wechselspiele und Feindbilder

Frau S. ist brasilianischer Abstammung und lebt in einem Neubaughetto am Rande von Hamburg. Bereits als junges Mädchen und Heranwachsende ist sie mit ihrer Mutter 15-mal innerhalb Deutschlands umgezogen.

Nach der Trennung von ihrem damaligen Partner lebt Frau S. mit Cengiz, ihrem damals zweijährigen Sohn, zwei Jahre allein. Es besteht aber weiterhin Kontakt zwischen Cengiz und seinem Vater. Allerdings wird dieses Verhältnis belastet, als die Mutter einen anderen Mann kennenlernt und dieser zur Familie zieht. Cengiz ist in der Zwischenzeit vier Jahre alt, als er den neuen Mann vehement als Partner der Mutter ablehnt und ein Zusammensein mit ihm völlig boykottiert. Er stemmt sich, im wahrsten Sinne des Wortes, mit seinem gesamten Körpergewicht gegen den Mann an der Seite seiner Mutter. Cengiz setzt sich zwischen die beiden auf die Couch, will mit seinem kleinen Repertoire beweisen, dass er niemanden an seine Mutter heranlässt. All seinen Willensbekundungen zum Trotz setzt sich die Mutter darüber hinweg und versucht, mit dem neuen Partner eine Beziehung zu leben.

Mit dem Lebenspartner bekommt die Mutter einen weiteren Sohn und Cengiz damit einen vier Jahre jüngeren Bruder. Von Cengiz wird

Cengiz in Luxemburg

der kleine Mike von Anfang an nicht akzeptiert. Er sieht ihn und den Vater des Bruders als Störfaktoren, mit denen er seine Mutter, deren Aufmerksamkeit, Liebe und Zuwendung teilen muss. Der jüngere Mike wird von Cengiz aus seinen Unternehmungen und Aktivitäten ausgeschlossen. Er möchte weder Spielzeug mit ihm teilen noch gemeinsam mit ihm spielen oder in einem Zimmer mit ihm sein. Er zeigt ihm deutlich, du bist hier unerwünscht und überflüssig. Als Cengiz merkt, dass er mit seiner Strategie nicht weiterkommt, tritt er die Flucht nach vorn an. Schon mit fünf Jahren hält er sich immer öfter auf der

Straße auf. Die umliegenden Spielplätze sind seine Rückzugsorte. Wenn die Mutter ihn aus der Kindertagesstätte, in der er seine Vormittage verbringt, abholt, zieht ihn nichts in die gemeinschaftliche Wohnung. Lieber bleibt er mit den Nachbarskindern auf der Straße. Die Mutter lässt ihn gewähren, sie hat nicht die Kraft, sich gegen den kleinen Rebellen durchzusetzen. Vom Partner erhält sie auch nicht die gewünschte Unterstützung.

Hinzu kommt, dass sich Mikes frühkindliche Entwicklung als sehr verzögert gestaltet. Anders als Cengiz fällt ihm das Lernen viel schwerer. Er braucht lange für das Laufen- und Sprechenlernen und für alle anderen Fertigkeiten. Schon sehr früh erntet Mike dafür Ablehnung von Bruder und Vater. Der Vater zeigt ihm deutlich, dass er nicht seinen Erwartungen entspricht. Mike resigniert und entwickelt kein Zutrauen zu sich selbst und seinen Fähigkeiten. Auch Cengiz lässt ihn nicht von seinen Spielideen und Konstruktionskünsten profitieren. Selbst die Versuche der Mutter, Mike und Cengiz zum gemeinsamen Spielen zu motivieren, schlagen fehl. So hat Mike kein Modell und Vorbild, von dem er lernen kann. Sein großer Bruder verweigert sich ihm total, um immer nahe bei der Mutter zu bleiben. Allerdings will Cengiz die Zuwendung der Mutter nicht aufs Spiel setzen. Er akzeptiert Mike zwar nicht als gleichberechtigten Spielpartner, wenn die Mutter aber Besorgungen machen möchte oder einen anderen Termin hat, übernimmt Cengiz die Aufsicht über den jüngeren Bruder. Eine Beziehung auf gleicher Ebene, als Geschwisterkind, kann Cengiz zu Mike nicht aufbauen, ihn sehr wohl aber versorgen und beaufsichtigen.

In der Zwischenzeit ist die familiäre Situation für die Mutter kaum noch zu ertragen. Ihrem Partner gelingt es nicht, weder zum leiblichen Kind noch zu Cengiz eine Beziehung aufzubauen. Die Mutter steht ständig zwischen den Fronten. Der Partner wirft der Mutter vor, Cengiz keine Grenzen zu setzen und ihn immer gewähren zu lassen, ohne konsequent durchzugreifen. Erschwerend kommt in dieser Zeit außerdem noch hinzu, dass die Mutter von Frau S. stirbt. Darunter leidet Cengiz' Mutter sehr und erhofft sich Rückhalt und Zuwendung von ihrem Partner, um über den emotionalen Verlust hinwegzukommen. Aber das Gegenteil ist der Fall. Sie erfährt keinerlei Unterstützung und Trost, stattdessen kommt es fast täglich zu lautstarken Auseinandersetzungen zwischen Mutter und Partner, denen auch die Kinder ausgesetzt sind. Die Erwachsenen schaffen es nicht, sich in ihrer Situation Unterstützung und Hilfe zu holen, aber sie glauben, aus eigener Kraft den häuslichen Frieden aufrechterhalten zu können.

Die Situation entgleist vollständig

Es kommt immer öfter zu aggressivem Streit über die unterschiedlichen Erziehungsansichten der Erwachsenen. Der Gesundheitszustand der Mutter wird durch die hohe psychische Anspannung andauernd labiler. Als Cengiz sieben Jahre alt ist, erleidet die Mutter den ersten Nervenzusammenbruch und muss stationär in der Psychiatrie aufgenommen werden. Ihr Zustand ist so dramatisch, ihre Nerven und die Psyche so angegriffen, dass die Ärzte sie für anderthalb Jahre einweisen und sich Frau S. nur sehr langsam in der Reha erholt.

WAS IST REHABILITATION (REHA)?

Unter medizinischer Rehabilitation versteht man die Wiederherstellung von körperlichen Funktionen, Organfunktionen und gesellschaftlicher Teilhabe mit physiotherapeutischen und ergotherapeutischen Maßnahmen, Mitteln der klinischen Psychologie und Anleitungen zur Selbstaktivierung. Vorrangig werden Maßnahmen der medizinischen Rehabilitation ambulant erbracht. Erst wenn ambulante Maßnahmen nicht mehr ausreichen, ist eine stationäre Rehabilitation indiziert.

Zu lange hat Frau S. die Konflikte und deren Folgen mit sich herumgetragen und kein Ventil dafür gefunden. Sie nimmt Kontakt zu den Vätern der Jungen auf und bittet sie, die Jungen so lange zu betreuen, bis sie gesund aus der Klinik entlassen werden kann. Beide Söhne leben in diesen anderthalb Jahren bei ihren Vätern, ohne untereinander Kontakt zu haben. Die Väter lehnen sich gegenseitig ab und wollen nichts miteinander zu tun haben. Auch die Mutter hat zu beiden Kindern über den gesamten Zeitraum nur brieflich Kontakt.

Cengiz und Mike fehlt die Mutter sehr. In der Zwischenzeit ist Cengiz ein Grundschulkind, und der jüngere Bruder geht in eine Vorschuleinrichtung. Nach dem Klinikaufenthalt und der Reha beschließt die Mutter, sich von ihrem Partner zu trennen und mit den Kindern aufs Land zu ziehen. Sie sieht sich in Mecklenburg-Vorpommern nach einem geeigneten Ort und einer ausreichend großen Wohnung um. Der Beginn in Neustadt-Glewe entwickelt sich anfänglich gut. Sie ziehen in eine Dreieinhalbzimmerwohnung, Mike bekommt einen Platz in einer Kindertagesstätte, und Cengiz geht in die Grundschule des Ortes. Frau S. findet sogar einen Job, der ihr Spaß macht und durch den sie ein paar Stunden am Tag auch wieder unter Menschen kommt. Sie fühlt sich erholt, ausgeruht und voller Energie für ihre Aufgaben. Nach anderthalb Jahren wagt die Familie einen Neuanfang, zusammen sind sie stolz auf ihr Geleistetes.

>> Der Alltag wird zum Spießrutenlauf

Trotz des gelungenen Starts zieht sich der große Sohn Cengiz am neuen Wohnort immer häufiger zurück. Die Mutter bemerkt die Veränderungen, die in ihm vorgehen, nicht sofort. Cengiz hat einen Vater, der aus der Türkei kommt. Seine dunklere Hautfarbe und die braunen Augen lassen seine Herkunft erahnen. Immer häufiger wird er zur Zielscheibe fremdenfeindlicher Angriffe. Niemand will mit ihm auf dem Schulhof spielen, zu Geburtstagen wird er nicht eingeladen.

Lädt er zu sich ein, kommen kurz vorher Absagen, oder er erhält erst gar keine Zusage. Auch die Lehrer der Schule bemerken die Ablehnung nicht sofort. Erst als Cengiz einem Jungen die Nase blutig schlägt, kommt heraus, dass Cengiz schon seit Monaten Opfer rassistischer Ausgrenzung ist. Wenn die Mutter, die bedingt durch ihre brasilianische Abstammung auch eine dunklere Hautfarbe hat, zu Aussprachen in die Schule muss, wird sie von Schülern als »Negerschlampe« beschimpft. Die Vorurteile und Anfeindungen wegen ihrer Hautfarbe werden zum täglichen Spießrutenlauf für Frau S. und Cengiz.

Die Familie war sich vorher nicht bewusst, dass es in Deutschland Gegenden wie Mecklenburg-Vorpommern gibt, in denen die Ablehnung so offensichtlich und lautstark zur Schau gestellt werden kann und in denen zudem dieses Verhalten in einer breiten Öffentlichkeit toleriert

Leben auf dem Land – die Familie erlebt Ausgrenzung

wird. In der Millionenstadt Hamburg hatte Cengiz solche Ausgrenzung unter Gleichaltrigen nicht erlebt. Nach eigener Aussage begreift er lange nicht die Zusammenhänge zwischen seiner Herkunft und der Ablehnung, beispielsweise mit der Folge, ebendeshalb nicht zu Kindergeburtstagen eingeladen zu werden. Als es ihm bewusst wird, fühlt er sich isoliert, alleingelassen und nicht akzeptiert.

>> Vater ist nicht gleich Vater

In dieser Situation kommt nach Cengiz' Aussage noch hinzu, dass sein bislang angenommener leiblicher Vater nach Jahren einen Vaterschaftstest hat machen lassen, bei dem sich herausstellt, dass der mittlerweile zehnjährige Cengiz nicht sein Kind ist. Der Vater bricht daraufhin den Kontakt zu Cengiz vollständig ab. Der Junge ist tief enttäuscht und verletzt. Er liebt diesen Mann, »seinen« Vater, und er versteht nicht, wieso ein solcher Test diese Beziehung aus heiterem Himmel zunichtemachen kann. Für Cengiz bricht eine Welt zusammen. Dieses traumatische Erlebnis hinterlässt tiefe Wunden, kratzt an seinem Selbstwertgefühl und an seinem Vertrauen Erwachsenen gegenüber. Er fühlt sich hafen- und heimatlos. Niemandem will er sich anvertrauen. Erst heute, nach mehr als sechs Jahren, kann er mit mir darüber reden. In den letzten Jahren, so sagt er, hat er viel darüber nachgedacht, mit Freunden gesprochen und über ähnliche Fälle gelesen. Aus seiner heutigen Sicht hat dieses emotional tiefgreifende Erlebnis der Ablehnung durch den geliebten Vater mehr Gewicht und tiefere Wunden hinterlassen als die rassistischen Beschimpfungen durch die Gleichaltrigen.

MEINE EINSCHÄTZUNG: *Dieser Bruch, eine für Cengiz nicht erklärbare Handlung des geliebten Vaters, hat Cengiz' gesamtes Lebensmodell zerstört. Bis heute fehlen ihm die notwendigen Erklärungen. Mit dem nicht nachvollziehbaren Verlust des Vaters wurde dem damals Zehnjährigen die Basis, das Selbst- und das Urvertrauen entzogen. Diese Enttäuschung leistet damit genau dem Vorschub, was jede weitere Entwicklung von Cengiz mitbestimmt. Erwachsenen gegenüber ist Cengiz von diesem Tag an sehr skeptisch oder sogar ablehnend.*

Die Mutter hat in der mecklenburgischen Kleinstadt inzwischen einen Mann kennengelernt. Zusammen mit dem neuen Partner bekommt sie den dritten Sohn Manuel. Nach den persönlichen Erlebnissen der alleinerziehenden Mutter und ihrer Kinder sowie der Ausgrenzung in Neustadt-Glewe bekommt nun auch der Lebenspartner der Mutter den rassistischen Gegenwind zu spüren. Die Erwachsenen beschließen, erneut umzuziehen. Nach einer sehr kurzen Zwischenstation im kleinen Dorf Strassen mit nur wenigen Häusern zieht die Familie nach Dömitz an die Elbe. Dort wechselt Cengiz auf eine weiterführende Schule und besucht eine Gesamtschule. Mike wird in ein Förderzentrum mit »Schwerpunkt Lernen« aufgenommen. Die Mutter glaubt, dass die Kinder sich nun unbehelligt entwickeln können, und hofft, dass die Beschimpfungen wegen ihrer Hautfarbe in Dömitz endlich ein Ende haben werden.

Sie werden dennoch nicht heimisch. Der Rassismus holt sie wiederum ein. Auch hier erleben die Kinder gewalttätige Übergriffe durch ihr Umfeld. In der Dämmerung trauen sie sich kaum noch auf die Straße, wechseln die Straßenseite, wenn ihnen Gruppen Gleichaltriger begegnen, mit denen es Stress geben könnte. Ständige Anpöbelei, Gewaltattacken, Zerstörung von Anziehsachen und Handys gehören auch hier zunehmend zum Alltag. Die Familie zieht sich in ihre eigenen vier Wände zurück, und Mutter und Lebenspartner suchen immer häufiger einen Ausweg im Alkoholkonsum.

Die Konflikte spitzen sich zu

Die Eltern sind ohne Arbeit und bekommen den familiären Lebensunterhalt durch die staatliche Unterstützung Hartz IV finanziert. Es ist ihnen nicht möglich, auf dem freien Wohnungsmarkt eine andere Wohnung in einer toleranteren Wohngegend zu suchen. Hinzu kommt in der mittlerweile fünfköpfigen Familie, dass sie den Anfeindungen von außen nichts entgegenzusetzen haben. Sie leben ständig in Angst und Schrecken. Bereits den normalen Anforderungen des Alltags ist die Mutter nur bedingt gewachsen, die Probleme, die auf alle Familienmitglieder von außen zukommen, überfordern sie komplett.
Cengiz, der »große« Sohn, nimmt die Veränderung der Erwachsenen

durch den regelmäßigen Alkoholkonsum wahr und redet der Mutter ins Gewissen. Er übernimmt die Aufgabe des Sorgeberechtigten und ermahnt die Mutter immer wieder, ihren Erziehungsaufgaben gerecht zu werden. Zum Partner der Mutter und Vater des kleinen Bruders Manuel hat Cengiz keine Beziehung aufbauen können, zu tief sitzen die Erfahrungen mit seinen »Vätern«. Cengiz macht sich nur noch Sorgen um seine Mutter und deren Gesundheitszustand. Ihre Psyche ist labil, und ihr physischer Zustand verschlechtert sich immer dann rapide, wenn sie der Sucht nachgibt und gemeinsam mit dem Partner schon am Vormittag mit dem Trinken beginnt.

Wie schon in den Jahren davor schlüpft Cengiz dann immer in die Rolle des Partners der Mutter und verlässt damit seine eigentliche Rolle, nämlich die des Kindes. Er mahnt und appelliert an das Gewissen der Mutter, den Familienalltag mit all seinen Anforderungen zu bestreiten. Cengiz versorgt die jüngeren Brüder, macht Einkäufe, räumt die Wohnung mehr schlecht als recht auf. Die Mutter bemüht

Cengiz mit seinem jüngsten Bruder Manuel

sich dennoch, ihrer Verantwortung gerecht zu werden und sich um die Kinder zu kümmern. Gemeinsam verlassen sie täglich nach der Schule die Wohnung, damit der Partner seinen Rausch ausschlafen kann. Je mehr sich Frau S. diesen Exzessen entzieht, erkennt sie, wie weit ihr Partner der Sucht verfallen ist und wie die Kinder unter seinem Verhalten leiden. Es kommt immer öfter zu Auseinandersetzungen zwischen den Erwachsenen. Die Kinder werden immer unsicherer, erleben in der Familie nicht die Atmosphäre, um ein gestärktes Selbstwertgefühl zu entwickeln. Ihnen fehlt mehr und mehr die Kraft, auf die Angriffe von Gleichaltrigen entsprechend zu reagieren und ihnen selbstbewusst entgegenzutreten. Die innerfamiliäre Situation bietet ihnen keinen Ausgleich und erst Recht nicht den Rückhalt, den sie bräuchten.

Ene, mene, muh und raus bist du

Cengiz resigniert immer mehr, glaubt nicht mehr an sich und seine Stärken. Nach Aussage der Mutter hat er eine rasche Auffassungsgabe und kann sich gut ausdrücken. Er besitzt die intellektuellen Voraussetzungen, um in der Schule erfolgreich zu sein. Cengiz könnte die Leistungsanforderungen erfüllen und einer der besten Schüler der Klasse sein. Er hat aber nicht die Ausdauer und Willenskraft, sich auftretenden Problemen zu stellen und nach Lösungen zu suchen. Zu schnell verlässt ihn der Mut, und das dazu nötige Selbstbewusstsein hat er schon lange nicht mehr. Sein Kopf und seine Seele sind angefüllt mit den Sorgen und Nöten zu Hause. Ihm fehlt die innere Ruhe, sich einer Fragestellung anzunähern. Seine schon von klein auf antrainierte Umtriebigkeit verhindert es, sich auf einen Gegenstand konzentrieren zu können. Niemand hat darauf geachtet, dass es neben dem Spielen an frischer Luft auch wichtig für Kinder ist, dass jemand mit ihnen spielerisch trainiert, sich mit einem Sachverhalt auseinanderzusetzen und ihnen dafür genügend Zeit zur Verfügung stellt.

MEINE EINSCHÄTZUNG: *An dieser Stelle ist es mir wichtig zu klären, wie notwendig die Komponenten emotionaler Intelligenz für Kinder und Jugendliche sind, um für die Anforderungen in der Gesellschaft gerüstet zu sein. Am Beispiel von Cengiz lässt sich gut erkennen, dass der Intelligenzquotient allein nicht dafür ausschlaggebend ist, Leistungen zu erbringen. Die Herausbildung der emotionalen Intelligenz liegt in den Händen der Erzieher. Wenn wir nichts dafür tun, nützt die brillanteste Intelligenz nichts. Wenn Selbstbewusstheit, Motivation, soziale Kompetenzen oder auch Strategien zum strukturierten Lernen nicht systematisch in der Kindheit mit dem Kind trainiert werden, kann es diese Tugenden auch in der Schule nicht von sich abfordern. Die Grundschule ist die erste Stätte im Leben der Kinder, die genau auf diese Grundtugenden setzt. Hier werden die Defizite als Erstes offenbar, hier trennt sich die Spreu vom Weizen. So banal es sich anhört: Kleinkindern, die beispielsweise immer wieder aus einer Phase des konzentrierten Spielens oder Bücherbetrachtens herausgerissen werden, weil sie eben noch eine Banane essen oder das beschmutzte T-Shirt wechseln sollen, verlernen, bei der Sache zu bleiben. Passiert das immer wieder, sind die Grundlagen für Sprunghaftigkeit und Konzentrationsunfähigkeit gelegt.*

WAS VERSTEHT MAN UNTER EMOTIONALER INTELLIGENZ?

Emotionale Intelligenz ist eine übergeordnete Fähigkeit, die sich – fördernd oder behindernd – zutiefst auf alle anderen Fähigkeiten auswirkt. Emotionale Intelligenz umfasst die Fähigkeit, die eigenen Gefühle wahrzunehmen, mit diesen Emotionen umgehen zu können, sie in den Dienst einer Sache zu stellen, also sich selbst zu motivieren, sowie die Fähigkeit zur Einfühlung in andere Menschen (Empathie) und zu kompetentem Umgang mit Beziehungen. Mit emotionaler Intelligenz werden eine ganze Reihe von Fähigkeiten und Kompetenzen beschrieben wie Mitgefühl, Kommunikationsfähigkeit, Menschlichkeit, Takt, Höflichkeit.

Mit den Misserfolgen in der Schule paart sich bei Cengiz die Unlust, jeden Tag in das Chaos zu Hause zurückzukehren.

Flucht nach vorn

Mit zunehmendem Alter und dem Eintritt in die pubertäre Phase entzieht sich Cengiz immer weiter den Aufgabenstellungen innerhalb der häuslichen Gemeinschaft. Er beteiligt sich nicht mehr an seinen Pflichten, hat keine Lust, den Dreck für die anderen wegzuräumen. Warum auch? Er sieht den Partner seiner Mutter Tag für Tag auf dem Sofa liegen und seinen Rausch ausschlafen. Hinzu kommt der für Cengiz wichtige Aspekt, dass er so lange der Vertraute und Partner der Mutter war, bis der aktuelle Partner der Mutter das Familienleben störte. So übernahm er auf der einen Seite bei den jüngeren Geschwistern die Betreuungsaufgaben der Mutter, konnte aber auf der anderen Seite auch die Regeln und Grundsätze in der Familie mitbestimmen. Zunehmend verließ er in den vorangegangenen Jahren die Rollenverteilung »Mutter und Kind« und schlüpfte in die Rolle des »Ersatzpartners«. Diese Form der Mitbestimmung war für ihn zum Alltag geworden. Er hatte sich mit der Verantwortung arrangiert und war in sie hineingewachsen. Das alles wollte er nicht so ohne Weiteres aufgeben. Cengiz sollte nun ohne Vorwarnung die Vormachtstellung verlassen und wieder die Rolle des Kindes einnehmen.
Zu diesem wiederholten Rollenwechsel war Cengiz nicht mehr bereit. In einem Prozess über Monate reifte in ihm der Entschluss, irgendwann die Familie zu verlassen.

>> Nichts geht mehr – wie im Spiel so auch im wahren Leben

Die vielen Endlosdiskussionen mit der Mutter und deren Lebenspartner, die ständigen Streitigkeiten in der Familie, die angespannte Situation, die Auseinandersetzungen über häusliche Pflichten treiben Cengiz hinaus aus diesem Familienkonstrukt und hinein in die weite Welt. Das ist das Muster, welches ihn bereits als Kleinkind konditioniert hat. Hält er es zu Hause nicht mehr aus, sucht er verwandte Seelen draußen auf der Straße. Nur hier in Mecklenburg-Vorpommern ist dies nicht ganz so leicht. Hier haben die auf der Straße das Sagen, die nichts übrighaben für Leute, die äußerlich scheinbar einem anderen Kulturkreis angehören. Er flieht immer weiter auf der Suche nach sicheren Orten.

Seiner Mutter entgleitet Cengiz zunehmend, und sie will die Verantwortung für das Wohl ihres Sohnes nicht mehr allein tragen. Aus diesem Grund wendet sie sich an das Jugendamt und bittet darum, dass Cengiz in ein Heim kommt. Sie ist verzweifelt, fürchtet, dass ihr Sohn völlig auf die schiefe Bahn gerät. Um ihm das zu ersparen, sieht sie in der Unterbringung in einer solchen Einrichtung die letzte Rettung. Cengiz macht das erste Mal die Erfahrung, dass er als Störfaktor im innerfamiliären Frieden empfunden wird. Erst der leibliche Vater, der von heute auf morgen nicht mehr als Bezugsperson da ist, dann der Verlust seiner »Partnerrolle« bei der Mutter, jetzt die Ausgrenzung, in ein Heim abgeschoben zu werden. Er verliert vollends den Boden unter den Füßen.

Im Heim hält es Cengiz ganze drei Monate aus, bis er endgültig abhaut. Die Familie braucht ihn aus seiner Sicht nicht mehr. Die seelische Kränkung ist zu groß, weil niemand den Jungen in der Familie mehr haben möchte und er von Gleichaltrigen nur Hass und Ablehnung erfährt. Seine Idee steht fest. Nur noch weit, weit weg von all dem, was ihn verletzt hat.

Heimatgefühle auf der Straße

Groß und anonym muss die Stadt seiner Wahl sein und eine Attraktivität für Jugendliche versprühen – Inbegriff für diese Attribute sind Hamburg und Berlin. Er entscheidet sich für die Bundeshauptstadt. Hier atmet er den Duft vom freien Leben, hier muss er sich nicht für seine Hautfarbe schämen, die ständige Anpöbelei tritt in den Hintergrund, und die Angst, überfallen zu werden, schwindet. Die Anonymität der Großstadt und der Sog, ungestört mit Gleichgesinnten zu leben, geben ihm ein unbeschwertes Lebensgefühl.

Streetwork – Aufsuchen auf der Straße

Die Jugendlichen, die er auf der Straße in Berlin trifft, sind teilweise aus denselben Gründen unterwegs wie er. Sie haben mit ihren Familien gebrochen, weil es häufig zu nervenden Auseinandersetzungen kam, weil Kränkungen, Demütigungen und gewalttätige Übergriffe auf der Tagesordnung standen. Hier finden sie sich, reden über das Erlebte, und durch ihre ähnlichen Lebenserfahrungen entwickeln sich eine Solidarität und ein ganz spezielles Zusammengehörigkeitsgefühl. Diese Flucht aus der Enge der Kleinstadt und des ländlichen Dorflebens ist ein weiterer Faktor, der bei Cengiz eine wesentliche Rolle spielt.

MEINE EINSCHÄTZUNG: *Der Jugendliche will seinen Alltag selber gestalten lernen. Cengiz kann einerseits aufstehen, wann er will, den Tag über machen, was er für richtig und wichtig hält, abends schlafen gehen, wie es ihm passt. Er muss keine Rechenschaft darüber ablegen. Auf der anderen Seite schmiedet er aber immer noch Pläne für seine Zukunft. Noch sind für ihn ein Schulabschluss und eine Berufsausbildung in seiner Vorstellungswelt in greifbarer Nähe. Cengiz' Hoffnung ist außerdem, dass durch die räumliche Entfernung eine Ruhepause in die Familiefehde einkehrt. Er denkt, dass die Funkstille die Wogen glättet und alle nach einer gewissen Zeit wieder aufeinander zugehen können. Diese Sichtweise entspricht Cengiz´ Erfahrungen. Bisher ist er immer weggelaufen und hat sich mit den Erwachsenen nie auseinandersetzen müssen. In unserem Prozess der Zusammenarbeit wird das eine wichtige Aufgabe sein.*

>> Unterwegs sein bestimmt meine Arbeit

Als ich Cengiz kennenlerne, sitzt er unter einer S-Bahn-Brücke in der Nähe des Alexanderplatzes in Berlin. Zusammen mit anderen »Kollegen« schnorrt er, so wie eigentlich jeden Tag. Zu Cengiz habe ich von Anfang an einen guten Draht. Für das Anamnesegespräch nutze ich eine sehr lange S-Bahn-Fahrt mit der S1, die quer durch ganz Berlin fährt. Aus den Erzählungen der Mutter wusste ich von Cengiz' Leiden-

Stationen eines Ausreißers – Heimkehr nach Hause

schaft zu reisen. Dieser Tatsache werde ich mit unserer gemeinsamen Fahrt gerecht, ich begebe mich also von Anfang an in seine Welt.

Cengiz ist überhaupt viel unterwegs. Mir kommt es vor, als ob der Junge damit etwas nachholen will; die Defizite in seiner Erlebniswelt werden mehr als deutlich. Cengiz gerät schnell in den Strudel der Straße. Seine Kontaktfreudigkeit, seine Lust, neue Dinge zu erleben und auszuprobieren, lassen ihn überall schnell Anschluss finden. Die vielen Möglichkeiten der Straße nutzt der Jugendliche fast immer bis zum Limit. Allein dieser Umstand verlangt von mir eine gewisse Geschwindigkeit in meinem Handeln. Sehr schnell, das ist mir klar, muss ich eine geeignete Maßnahme finden, die einerseits eine Perspektive für Cengiz darstellt und andererseits seinem Wunsch, in der Großstadt leben zu wollen, entspricht.

Immer wieder und rasend schnell hat Cengiz neue Freunde. Zu seinem großen Glück hatte er zu Beginn seines Aufenthaltes in Berlin eine Wohngelegenheit in einer Einzimmerwohnung einer Bekannten bekommen. Von hier aus organisiert er seine Streifzüge durch die Stadt, geht und erst recht kommt er dorthin zurück, wann er will. Dieses Leben macht Cengiz Spaß, er beschreibt es selbst wie ein tolles Ferienlagererlebnis in einer Metropole. Für unsere Zusammenarbeit ist Cengiz' Freiheitsdrang aber alles andere als eine gute Basis. Verabredungen hält er nicht immer ein, und manchmal ist es auch einfach sein Megainteresse an einer so neuen Welt, das ihn oberflächlich werden lässt. Sein Plan, in Berlin zu leben, hat Cengiz dagegen immer auf dem Schirm. Trotzdem verlangt der kleine Ausreißer so manche sehr spontane Aktion von mir.

Als er wieder einmal zum verabredeten Zeitpunkt nicht in seiner Wohnung anzutreffen ist, werde ich von Cengiz' Freundin informiert, dass er mit den Jungs aus Luxemburg mitgefahren sei.

Diese Punks hat Cengiz gerade erst vor ein paar Tagen an der Warschauer Brücke kennengelernt, und nun sind sie zusammen ins

Herzogtum zum Schnorren und Partymachen unterwegs. Was tun? Ich hatte inzwischen mit nachhaltigem Druck einen Termin im zuständigen Jugendamt von Ludwigslust in Mecklenburg-Vorpommern gemacht - und der Klient ist auf Europatour. Mir bleibt nichts anderes übrig, als Cengiz hinterherzureisen und ihn zu suchen. Während der Fahrt in den kleinen Staat – in der Winzigkeit des Stadtstaates liegt auch meine Hoffnung – versuche ich permanent über das Handy mit Cengiz Kontakt zu bekommen. Getroffen habe ich den Jungen dann vor dem Hauptbahnhof. Cengiz ist umgeben von diesen viel älteren Punks und unglaublich gut drauf. Meine Angst, ich hätte keinen Einfluss mehr auf ihn, erweist sich als völlig unbegründet. Cengiz hatte sein Erlebnis, er hatte diese Erfahrung gemacht, neue Leute kennengelernt, Partys in einem anderen Umfeld erlebt und war sofort bereit, wieder mit mir zu kommen und den Termin im Jugendamt wahrzunehmen. Das überrascht mich dann doch ziemlich, aber andererseits habe ich mit meiner wahnwitzigen Idee, ihm nachzureisen, sein Vertrauen wiederholt gewonnen. Dieses Miteinander ist bis zuletzt die Basis für unsere Zusammenarbeit.

>> Das Trauma – Ablehnung durch geliebte Menschen

Das tragische Erlebnis des Verlusts seines Vaters, das sich tief in Cengiz´ Bewusstsein eingebrannt hat und seine weitere Entwicklung stark prägt, bestimmt die Erlebniswelt von Cengiz. Der Vater war für Cengiz eine wichtige Bezugsperson, auch wenn dieser nicht mehr im gemeinsamen Haushalt lebte. Während der Unterbringung der Mutter in der Psychiatrie übernimmt der Vater die vollständige Sorge für seinen Sohn. Cengiz liebt ihn und ist gern bei ihm.

Aus welchem Grund auch immer beschließt der Vater im zehnten Lebensjahr von Cengiz, seine eigene Vaterschaft überprüfen zu lassen. Das Resultat ist niederschmetternd. Der geliebte Vater ist nicht sein biologischer Vater. Von Stund an bricht der sich betrogen fühlende Erwachsene jeglichen Kontakt zu Cengiz ab. Den Jungen, der am wenigsten dafür kann, trifft die härteste Strafe. Von heute auf morgen ist er ohne Vater. Für den zehnjährigen Jungen ist es völlig unverständlich, dass die Liebe und Zuneigung, die er für den Mann empfindet, plötzlich null und nichtig ist. Er versteht intellektuell nicht, was ein Vaterschaftstest ist. Seine Gefühle werden tief verletzt, er fühlt sich verlassen und schuldig. Der Vater erklärt ihm nicht, warum er sich zurückzieht.

Cengiz muss sich schuldig fühlen, gibt es doch keine andere Erklärung. Er kann nicht begreifen, dass der Vater sich hintergangen fühlt, weil ihm von Frau S. nach seiner Meinung ein Kind »untergeschoben« wurde. Der Junge baut Aggressionen auf, die er an Mitschülern auslässt, ohne erklären zu können, woher sie rühren. Erst in einem intensiven Gespräch erfahre ich von Cengiz, nach fast sieben Jahren, wie tief der Schmerz in ihm sitzt und welche verheerenden Folgen die Verletzung hinterlassen hat. Ein intensives Gefühl von Verlassenheit und Einsamkeit haben ihn an sich selbst zweifeln lassen. Sein Selbstwertgefühl ist beschädigt, und es braucht Jahre, bis er den Verlust verschmerzt und sich mühsam sein Selbstbewusstsein zurückerkämpft.

MEINE EINSCHÄTZUNG: *So wichtig wie die Luft zum Atmen, wie Essen und Trinken für die Stärkung und Gesunderhaltung des Körpers, so unentbehrlich sind menschliche Wärme, Liebe, Geborgenheit und zärtliche Zuwendung für die emotionale Entwicklung des Kindes. Wie in dem beschriebenen Beispiel wird das Band zwischen Vater und Sohn getrennt, ohne dass ein sichtbarer Grund für das Kind vorliegt. Der Erwachsene fällt eine Entscheidung, die das Kind am härtesten trifft, eine Entscheidung, für die es am wenigsten kann. Von einem Moment auf den nächsten verliert das Kind einen geliebten Menschen. Dieser Beziehungsabbruch zwischen Vater und Sohn basiert auf einem Vertrauensmissbrauch unter den Erwachsenen. Den Verlust des geliebten Menschen aber erfährt das Kind. Dieser Verlust wiegt doppelt schwer, weil dem Kind die Gründe für den Rückzug nicht klargemacht werden. Mit einer Begründung hätte es zumindest die Chance zu wissen, dass es selbst nicht schuld an dem Verlust ist, sondern dass andere Gründe vorliegen. So wenig es auch nachvollziehbar ist, wie sich der erwachsene Mensch verhält, hätte das Kind aber die Möglichkeit gehabt, über den Verlust zu trauern und nach einer gewissen Zeit darüber hinwegzukommen. Hinzu kommt, dass Cengiz die Verletzung in dem Alter selbst nicht benennen kann. Er reagiert deshalb oft in ganz anderen Zusammenhängen aggressiv und unangepasst. Die tiefe Wunde, die der Beziehungsabbruch bei Cengiz hinterlassen hat, ist der Mutter nicht klar geworden. Aus diesem Grund stellt sie auch keinen Zusammenhang zu seinem auffälligen Verhalten her. Kinder brauchen ein Ventil für angestaute Aggressionen, und sie müssen lernen, darüber zu reden, um ihr Verhalten zu reflektieren. Das hilft ihnen, bei einer erneuten Situation, erst nachzudenken und dann zu reagieren.*

ZUSAMMENFASSUNG

In der vorangegangenen Biografie war mir wichtig, den schmalen Grat zwischen Mitbestimmung in der Familie und Kindern als gleichberechtigten Partnern aufzuzeigen.
Die Mitbestimmung stärkt das Urteilsvermögen und das Erarbeiten von Lösungsstrategien, wohingegen die Rolle des »Ersatzpartners«, in die Kinder hineingedrängt werden, schädigend wirken kann.
In diesem Zusammenhang sind folgende Aspekte für mich wichtig:

1. Kindern ihre Kindheit lassen und sie nicht frühzeitig in eine Rolle drängen, der sie nicht gerecht werden können und sollen.

2. Mitbestimmung bei Entscheidungen eine Fähigkeit, die Kinder in der Familie erlernen sollen.

MEINE SICHT DER DINGE

1. Das Kind als »Partnerersatz«

Aus Kindern erwachsene Partner zu machen, ist nicht gleichbedeutend mit einem Training zur Mitbestimmung in der Familie oder eine Vorbereitung auf das Leben. Aus Kindern Ehepartner zu machen, heißt, ihnen eine Rolle aufzuzwingen, der sie nicht gewachsen sind. Wir missbrauchen sie für unsere Zwecke, ob als emotionale Blitzableiter oder Organisatoren des Alltagsgeschehens. Wir bürden ihnen eine Verantwortung auf, der sie noch gar nicht gewachsen sein können.

Wie in Cengiz' Fall sichtbar, steht er der Mutter immer dann sehr nahe, wenn diese keinen Partner hat. Er hört sich die Sorgen und Nöte der Mutter an und sucht nach Lösungen. Er ist für sie da, weil er sieht, wie sie leidet. Er spricht mit ihr nicht über seine eigenen Sorgen in der Schule und auf dem Nachhauseweg, weil er sie nicht belasten möchte. Cengiz drückt seine eigenen Nöte weg, damit die Mutter nicht noch mehr Kummer hat. Für Cengiz bleibt kein Raum, seine Ängste und Bedürfnisse auszusprechen und damit umgehen zu lernen. Er hat keinen emotionalen Rückzugsraum, in dem er sich aufgefangen und behütet fühlt. Im Gegenteil, er schafft diesen Raum für seine Mutter. Die Mutter stellt ihn auf eine Ebene mit sich selbst, obwohl Cengiz erst ein achtjähriges Kind ist. Noch schlimmer wird es, als die Mutter psychisch erkrankt. Das Rollenverhältnis kehrt sich sogar um, und Cengiz wird zum »Erwachsenen«, der Entscheidungen trifft und der Mutter sagt, wie sie handeln muss. Aber immer dann, wenn ein neuer Lebenspartner in der Familie auftaucht, wird Cengiz aus seiner angestammten Rolle gedrängt und soll sich in der des Kindes wieder einfinden.

Wenn Kinder im einen Moment wie gleichberechtigte Partner behandelt werden und im nächsten Moment die Entscheidung von Mutter oder Vater akzeptieren sollen, geraten sie in einen Zwiespalt. Sie erhalten nicht die nötige Orientierung, weil sie von einer Minute auf die andere die Rechte und Freiheiten aufgeben müssen, die ihnen vorher diskussionslos zugestanden wurden. In dieser Situation werden sie das Recht einfordern zu bekommen, was sie wollen, nämlich ihren gewohnten Platz wieder einnehmen zu dürfen. Kinder sind nicht unsere »Ersatzpartner«. Sie sind nicht für unser Seelenheil verantwortlich, sondern wir für das ihre. Sie haben ein Recht auf unsere Unterstützung, Begleitung und Hilfe. Sie haben das Recht, sich unter unserer Aufsicht zu entwickeln und Fehler machen zu dürfen.

2. Familie als Lernort

Was Kinder aber im Familienrahmen erlernen sollen, ist, wie wir als Erwachsene zu Lösungen im Streitfall kommen oder wie bestimmte Entscheidungen in der Familie getroffen werden. Diese Erfahrungen sollen sie aus der Kinderperspektive erleben, mit allen Zugeständnissen an Lernende. Sie dürfen Fehler machen und werden an Prozessen beteiligt, ohne die gesamte Verantwortung selbst tragen zu müssen. Sie lernen, wie »Gesetze«, Regeln und Grenzen in der Familie zustande kommen, um diese auch später in der Kita, der Schule, in anderen Familien, Freizeiteinrichtungen und in der Gesellschaft zu durchschauen und annehmen zu können. Schon in der Vorschulzeit gibt es Entscheidungen, an denen auch kleinere Kinder beteiligt werden können. Sie werden als Eltern nicht mit ihren Kindern verhandeln, in welchen Stadtteil sie ziehen. Aber die Wandfarbe im Kinderzimmer kann schon mitbestimmt werden. So erlernen sie wichtige Entscheidungen mitzutreffen und abzuwägen, welche Kriterien wichtig sind, um zu einem zufriedenstellenden Ergebnis zu gelangen.

Kinder machen im Laufe ihrer Entwicklung zahlreiche Erfahrungen. Selbstverständlich gestehen wir ihnen zu, dass sie das Laufen, Sprechen, Schwimmen oder Radfahren erlernen und dass das seine Zeit braucht. Genauso viel Zeit braucht es auch zu lernen, wie Eltern zu Entscheidungen kommen, dass es solche gibt, die diskussionslos hingenommen werden müssen, und dass es andere gibt, über die man verhandeln kann. Wer von uns kennt nicht das berühmte Beispiel mit der Ampel: Bei Rot bleibe stehen, bei Grün darfst du gehen. Diese Regel bedarf wohl keiner Diskussion. Kinder lernen zudem, dass ihr Handeln Konsequenzen hat. Je nach Entwicklungsstand und Reife des Kindes, müssen Entscheidungen widerspruchslos hingenommen werden. Erst mit zunehmendem Reifegrad können Eltern Regeln und Grenzen mit ihren Heranwachsenden aushandeln. Doch auch dieser Lernprozess braucht unsere Unterstützung und Begleitung. Schritt um Schritt wird sich der Umfang der Mitbestimmung unserer Kinder vergrößern. Wie das Radfahren mit dem Laufrad beginnt, dann weitergeht auf dem Bambirad mit Stützrädern, so kann auch Mitbestimmung nur über mehrere Stufen erlernt werden. Je mehr das Kind das Gefühl hat, Entscheidungen mittragen zu können, wächst sein Selbstwertgefühl, erlebt es, dass seine Meinung im Mikrokosmos Familie Gewicht hat. Kinder lernen, Verantwortung zu übernehmen, sie lernen, dass auch ihre Meinung hier gefragt ist. Sich selbst wertzuschätzen ermöglicht es Kindern, auch nach außen stark aufzutreten.

Bei meiner Arbeit mit den Eltern fiel mir oft auf, dass Aushandeln und Inkonsequenz miteinander gleichgesetzt werden. Aber Aushandeln heißt, dem anderen zuzuhören und gemeinsam abzuwägen, mit welcher Lösung sich alle arrangieren können. Wohingegen Inkonsequenz bedeutet, seine Meinung aufzugeben und die des Gegenübers vollständig zu übernehmen. Auf diesem Weg gibt es nicht nur ebene Straßen, sondern auch Stolpersteine. Es passieren Pannen, und Fehler werden gemacht. Aber genau das macht Kindheit aus. Kinder müssen sich ausprobieren können, müssen Fehler machen dürfen. Denn aus ihnen werden sie lernen.

DIE GESCHICHTE VON BODIL

>> Spuren hinterlassen – die Familie prägt

Vater Andreas ist Hausmeister, Mutter Petra von Beruf Erzieherin. Die Familie wohnt in einem Städtchen in Brandenburg, südlich von Berlin, wo sie sich erst vor wenigen Jahren ein Haus auf dem Land gekauft hat, um der Großstadt zu entfliehen. Die drei großen Kinder haben die meiste Zeit ihres Lebens in Berlin verbracht. 13 Jahre lang lebten in der Familie drei Kinder: Dominik, Bodil und Merle. Deren Lebensumfeld war gekennzeichnet durch die sozialen Besonderheiten der Metropole. Als kleiner Nachzügler kommt 21 Jahre nach Dominiks, 16 Jahre nach Bodils und 13 Jahre nach Merles Geburt ihr Bruder Levi auf die Welt.

Merle und Dominik arrangieren sich mit der neuen Situation und fühlen sich für den kleinen Familienzuwachs verantwortlich. Wenn die Mutter beispielsweise kocht, tragen sie ihren quengelnden Bruder durch die Gegend. Bodil hingegen steht dem Neugeborenen von Anfang an ablehnend gegenüber. Schon bei Merles Geburt zeigt sich Bodils Teilnahmslosigkeit an dem Familienzuwachs. Nun auch noch ein weiteres Kind, wo doch die Familie, laut Bodils Aussage, sowieso sparsam leben muss und nicht jeder Wunsch der Kinder erfüllt werden kann. Bodil macht schon sehr zeitig deutlich, dass sie nicht gewillt

Bodil auf einer Station ihrer Reise – Sylt

ist zu teilen, dass sie immer das Gefühl hat, benachteiligt zu werden. Erst muss sie aus ihrer Sicht für die jüngere Schwester zurückstecken und auf die Erfüllung von Wünschen und Zuwendung verzichten. Jetzt kommt auch noch ein Geschwisterchen dazu, wo doch alle anderen Kinder schon fast erwachsen sind, die Bedürfnisse also auch extrem ansteigen. Fast zeitgleich mit der Bekanntgabe der Schwangerschaft der Mutter entwickelt sich bei Bodil der Drang, der Familie den Rücken zu kehren.

>> Muntere Kinderschar – da geht's schon mal zur Sache

Doch zurück zu den Entwicklungsbedingungen in Bodils Kindheit und Jugendzeit. Die Mutter bleibt zur Versorgung und Erziehung der Kinder von nun an zu Hause und macht ihren Beruf der Erzieherin zur Berufung. Sie misst der häuslichen Erziehung aller Kinder eine große Bedeutung bei und möchte ihren Einfluss auf deren Entwicklung so lange wie möglich geltend machen. Nach dem dritten Lebensjahr wird das Zusammensein mit Gleichaltrigen immer wichtiger, weshalb alle Kinder nacheinander in den nahe gelegenen Kinderladen gehen.

Frau K. umschreibt Bodils Verhalten den Eltern und Geschwistern gegenüber vorsichtig als sehr temperamentvoll. Bodil versucht, ihren Willen durch Wutausbrüche durchzusetzen. Diese lautstarken Willensbekundungen beginnen etwa im Alter von zwei Jahren. In diesen für die ganze Familie belastenden Konfliktsituationen schreit Bodil, tobt, wirft sich hin und schlägt mit dem Kopf auf den Boden. Der fünf Jahre ältere Bruder Dominik wäre mit Bodil alleine bei solchen Wutanfällen völlig überfordert gewesen. Aus diesem Grund lassen die Eltern die Kinder in den ersten Jahren nie ohne Aufsicht, zu groß sind die Bedenken, dass Dominik mit einer tobenden Bodil nicht zurechtkommt. Die beiden Kinder wachsen in ihren eigenen Welten auf und haben wenig Berührungspunkte.

Drei Jahre nach Bodil kommt Merle auf die Welt. In den ersten Tagen und Wochen nimmt die ältere Schwester das Baby kaum wahr. Als Merle älter wird, müssen Bodil und sie das Kinderzimmer teilen. Wie in allen Familien gibt es entspannte Zeiten, in denen die Mädchen miteinander spielen, und Stressphasen mit Zank und Streit bis hin zu handgreiflichen Auseinandersetzungen. Lange Zeit schafft es die jüngere Merle, den Eltern zu suggerieren, dass sie es ist, die unter den Attacken der großen Schwester zu leiden hat. Bis die Eltern mitbekommen, dass Merle die Reizpunkte ihrer älteren Schwester genau kennt und diese Kenntnis gezielt einsetzt, um Bodil zu Wutausbrüchen zu treiben. Fortan versuchen sich die Eltern, sich so lange wie möglich aus den Auseinandersetzungen zwischen den Schwestern herauszuhalten.

Bodil wiederum entwickelt die Strategie, ihre heftigen Willensbekundungen in jeder Situation einzusetzen, um gegen Forderungen, die an sie gestellt werden, zu rebellieren. Gegen jede Regel, jede Grenze, jede Anforderung legt Bodil ihr Veto ein und versucht, ihre eigene Vorstellung durchzusetzen. Auf die Eltern wirken diese ständigen Machtkämpfe zermürbend, und sie versuchen, die Reibungspunkte so gering wie nur möglich zu halten. Bevor Vater und Mutter eine Forderung aussprechen, überlegen sie schon, wie Bodil reagieren wird, und wägen ab, ob sich der Streit wirklich lohnt. Bodil merkt sehr bald, dass ihre Strategie kurzfristig zum Ziel führt. Nach Aussage der Mutter tyrannisiert das Mädchen damit die gesamte Familie.

MEINE EINSCHÄTZUNG: *Auseinandersetzungen in der Familie sind natürlich und unumgänglich. Jedes Kind in der Familie reagiert je nach Temperament, Alter und sozialer Vorbildwirkung der Eltern unterschiedlich. Im Streit haben die beteiligten Parteien verschiedene Ziele und Strategien. Kinder brauchen aber auf jeden Fall ein Gegenüber, damit sie auf einen Widerstand stoßen. Dieses Gegenüber muss ihnen zeigen, wie Streiten funktioniert. Bei Konflikten lernen Kinder, eine Frustrationstoleranz zu entwickeln, und sie sehen, dass es unmöglich ist, jeden Streit zu gewinnen. Fehlt dieses Übungsfeld, weil sich die Eltern schon im Vorhinein zurücknehmen und jeglichen Streit vermeiden, wird dem Kind nicht bewusst, dass es nicht immer alles bekommt, was es will. Es entwickelt zudem keine Strategien, wie man sich mit dem Kontrahenten konstruktiv auseinandersetzen und einigen kann, wann es sich lohnt, zu streiten und Kraft zu investieren, und wann nicht. Wir verhindern damit, dass Kinder es aushalten, auf die Erfüllung eines Wunsch auch mal warten zu können, und dass nicht jedes Bedürfnis jetzt und sofort befriedigt werden kann.*

»Ich will, dass ihr mich hört!« – das Sandwichkind

Die Mutter erklärt sich Bodils lautstarke Willensbekundungen damit, dass sie als mittleres Kind in der Geschwisterfolge ganz vehement nach mehr Aufmerksamkeit schreien muss als der ältere Bruder. Dieser hatte seine Eltern fünf Jahre lang allein für sich. Er war schon im Kindergartenalter, als der Nachwuchs kam. Die jüngere Schwester

Engagierte Eltern – das Kind geht dennoch

Merle bekam die Zuwendung, Pflege und Aufmerksamkeit durch ihren Status als Neugeborenes automatisch und wuchs von Anfang an mit Geschwistern auf. Einzig Bodil hat das Gefühl, sie erhalte die notwendige Aufmerksamkeit nur durch ihr aufsässiges Verhalten. Alles dreht sich lange Zeit nur um die Belange von Bodil, und der Frust der Geschwister auf dieses ständig einfordernde Mädchen nimmt stetig zu.

Hinzu kommt erschwerend, dass Mutter und Vater sich auch nicht immer auf einen Erziehungsstil einigen können. Sie versuchen es allen Kindern recht zu machen, und nach Aussage von Frau K. fehlt beiden der rote Faden in der gemeinsamen Erziehung. Sie beschreibt ihren Stil als inkonsequent und ausweichend. Der Vater ist durch seine Arbeit erst spät am Abend zu Hause. Wenn er dann am Familienleben teilnimmt, hat er die Alltagsprobleme nicht persönlich erlebt.

Er trifft oft Entscheidungen, die die Autorität der Mutter untergraben. So kann es passieren, dass der Vater abends die Bitte eines Kindes erfüllt, obwohl dieses tagsüber bestraft wurde. Die Eltern sind sich dessen bewusst, dass ihre Absprachen besser laufen müssen. Doch der Alltag holt sie immer wieder ein, und die eingefahrenen Erziehungsmuster lassen sich nur schwer verändern.

MEINE EINSCHÄTZUNG: *Wer erlebt diese Momente in der Erziehung nicht: Wir nehmen uns vor, konsequent zu bleiben, verlieren aber die Nerven und haben nicht mehr die Kraft zur Auseinandersetzung. Dann will einer auch noch der »Gute« sein und lässt gegen jegliche Absprachen die Kinder gewähren.*
Achtung! Das hat Langzeitwirkung bei unserem Nachwuchs! Die Kinder erfahren auf diese Weise schnell, wie sie agieren müssen, um an ihr Ziel zu kommen. Sehr rasch wissen sie, bei wem in der Familie sie ohne Umschweife Erfolg haben. Aus diesem »Hamsterrad« immer wiederkehrender erzieherischer Frustrationsmomente kommt man nur noch durch Hilfe von außen. Hier sind die Sozialarbeiter und Psychotherapeuten der Erziehungs- und Familienberatungsstellen kompetente Ansprechpartner.

>> Ein Haus im Grünen – die Lösung?

Gemeinsam überlegen die Eltern auch, wie sie den zermürbenden Streitereien zwischen den Schwestern ein Ende setzen können. Sie beschließen, eine neue Wohnung mit einem zusätzlichen Zimmer zu suchen. Indem jedes Mädchen ein eigenes Zimmer und damit einen Rückzugsraum für sich selbst bekommt, erhoffen sich die Eltern die Lösung der Problematik Schwesternstress.

In den ersten Jahren lebt die Familie im Berliner Bezirk Neukölln, nach der Geburt von Levi 2006 ziehen sie nach Großbeeren an die Stadtgrenze Berlins in das Bundesland Brandenburg. Hier bekommt jedes Kind sein eigenes Zimmer. In Berlin verbrachten die Kinder den größten Teil ihrer Kindheit, lernten alle Vorzüge einer Großstadt genießen. In Großbeeren hat zwar jedes Kind sein eigenes Zimmer, aber die Infrastruktur ist wesentlich eingeschränkter als in der Hauptstadt. Dominik und Merle arrangieren sich mit der neuen Lebenssituation, Bodil hingegen empfindet es als Einschnitt in ihre Bewegungsfreiheit und in ihr Bedürfnis, sich unabhängig im Kiez zu bewegen. Während Dominik und Merle das neue Lebensumfeld als Verbesserung ihrer Lebensqualität erleben und das Landleben mit seinen Vorteilen genießen, erlebt Bodil dieses Leben als gravierenden Verlust ihres Autonomiebestrebens. Bodil können die Eltern nur auf das Land locken, indem sie ihr Zugeständnisse machen und ihr sogar einen persönlichen Fahrservice anbieten, der darin besteht, dass sie mit dem Auto zu beliebigen Zielen gefahren wird.

Immer häufiger zieht es die nun 16-jährige Bodil in ihr altes Wohngebiet, nach Berlin zurück. Hier leben nach wie vor ihre Freunde. Freunde haben in der Pubertät großen Einfluss auf die Persönlichkeitsentwicklung von Heranwachsenden. Die PeerGroup bestimmt die politische Haltung, den Kleidungsstil, das Outfit insgesamt, die Musikrichtung und das Freizeitverhalten.

PEERGROUPS – WAS IST DAS?

PeerGroups ist ein aus der amerikanischen Jugendsoziologie stammender Begriff zur Bezeichnung von Gleichaltrigengruppen oder informellen Spiel- und Freizeitgruppen von Kindern und Jugendlichen im etwa gleichen Alter. Die Bandbreite reicht dabei von spontanen, oft nur für bestimmte Anlässe entstandenen Gruppen bis zu festen sozialen Gefügen wie Cliquen oder Jugendbanden mit Mitgliedschafts- und Ausschlussregeln. Diese meist gleichgeschlechtlich zusammengesetzten Gruppen werden für Jugendliche umso wichtiger, je mehr sie sich psychisch und sozial von den Eltern ablösen. Oft grenzen sich dann auch Gleichaltrigengruppen bewusst von spezifischen Wertvorstellungen und Erwartungen Erwachsener ab. Sie treffen sich außerhalb des Einzugsbereichs von Schule und Familie und verstehen sich ausdrücklich nicht als von Erwachsenen initiiert oder kontrolliert.
Als ein Ort, an dem in einem Umfeld symmetrischer sozialer Beziehungen die Spielregeln des Zusammenlebens eingeübt werden können, bilden PeerGroups für Kinder und Jugendliche eine wichtige Sozialisationsinstanz. Diese kann in bestimmten Fällen in Konkurrenz zur Familie treten. Vorherrschend ist aber die gegenseitige Ergänzung der Einflüsse beider Kontaktbereiche. (vgl. Hurrelmann 1994, S. 187)

Anders als ihre Geschwister, die auch in Großbeeren Anschluss suchen und finden, lebt Bodil am liebsten in ihren alten Strukturen und braucht die beste Freundin. Vehement wendet sie sich vom neuen Lebensmittelpunkt der Familie ab.

MEINE EINSCHÄTZUNG: *In dieser Entwicklungsphase versuchen Kinder sehr häufig, sich vom Lebensstil ihrer Eltern abzugrenzen und diesen aus einer skeptischen Distanz zu betrachten. Bodil sieht das Leben ihrer Eltern als absolutes Kontrastprogramm zu dem, was sie sich erträumt und wünscht. Ihr Outfit passt so gar nicht in die Kleinstadtidylle vor den Toren der Stadt. Ihre Springerstiefel, ihre grün oder rot gefärbten Haare, Piercings und durchlöcherten Klamotten erregen Anstoß. Sie sind Ausdruck von Bodils Aufbegehren gegen die Welt der Erwachsenen. Damit will sie sich abgrenzen und provozieren. Dieses Abgrenzen zu den Ansichten, Gedanken, Gefühlen und Verhaltensweisen der Eltern ist enorm wichtig, um den eigenen Weg zu finden und zu lernen, sich anderen gegenüber durchzusetzen. Heranwachsende sind auf der Suche nach ihrer eigenen Identität, nach dem Sinn des Lebens, nach den Lebensperspektiven und Leitbildern. Sie wollen sich von ihren Eltern abnabeln, unabhängig werden und ihre Erwachsenenrolle finden. Gerade in dieser Phase möchten sie das Gefühl haben, es selbst schaffen zu können. Daneben brauchen sie aber auch einen »weichen Boden« daheim, auf dem sie auch mal aufkommen dürfen.*

>> Wenn jede Bagatelle zum Supergau wird

Auf der anderen Seite nimmt Bodil aber die Annehmlichkeiten, die ihr die Eltern bieten, gern in Anspruch. Sie besitzt eine eigene Chipkarte, mit der sie über einen festgelegten Geldbetrag verfügen kann. Außerdem hat sie nun ihr eigenes Zimmer, in dem sie machen kann, was sie will. Immer häufiger kommt es auch hier zu Differenzen zwischen Mutter und Tochter wegen des unterschiedlichen Anspruchs an Ordnung und Sauberkeit.

MEINE EINSCHÄTZUNG: *Ordnung und Sauberkeit sind in vielen Familien Streitpunkt zwischen Eltern und Jugendlichem. Aus meiner Sicht nutzt Bodil zu diesem Zeitpunkt die elterliche Wohnung nur noch zum Ausschlafen und Sattessen. Sie sieht den häuslichen Anlaufpunkt lediglich als »Dienstleistungsunternehmen«. Hier kann sie sich für ihre »Ausflüge« stärken. Sie fühlt sich aber nicht oder nicht mehr verantwortlich für die häusliche Gemeinschaft und ist nicht motiviert, einen Beitrag zum Familienleben zu leisten.*

Die Mutter kann mit Bodils Aufbegehren nicht mehr umgehen. Bei den Geschwistern sieht sie eine völlig andere Entwicklung. Dominik und auch Merle sind zielstrebig, ordentlich und integrieren sich in das Familienleben, akzeptieren den neuen Lebensmittelpunkt der Familie. Ihr Engagement reicht von der Versorgung und Pflege des Säuglings über Kochen und Geschirrspülen bis hin zum gemeinsamen Kirchenbesuch. Bei Bodil hingegen empfindet die Mutter zunehmend ein starkes Gefühl der Ablehnung ihrer eigenen Person gegenüber. Frau K. kommt nach ihrer Aussage nicht mehr an die Tochter heran.

Streiten – und wieder flieht Bodil

Um sie nicht ganz zu verlieren, beschließen die Eltern, dass zukünftig der Vater die Meinungsverschiedenheiten mit Bodil austrägt. Sie hoffen, dass er den besseren Draht zu ihr hat und sie sich auf Diskussionen mit dem Vater besser einlassen kann. Doch Bodils Wahrnehmung ist eine ganz andere. Aus ihrer Sicht ist es ein Rückzug der Mutter. Die Eltern versuchen ihr zu erklären, dass ihr Äußeres aggressiv aussieht und provoziert. Die gut gemeinten Ratschläge stoßen bei Bodil auf taube Ohren und rufen ein Gähnen bei ihr hervor. Sie fühlt sich bevormundet, eingeengt und gegängelt.

>> Der Ausstieg zeichnet sich ab

In Großbeeren gibt es keine Angebote für Jugendliche. Bodil will immer weniger mit dem Leben ihrer Eltern zu tun haben und übernachtet lieber bei Freundinnen. Immer öfter testet sie Grenzen aus, kommt zu verabredeten Zeiten nicht an den Treffpunkt, schaltet einfach ihr Handy aus und ist unerreichbar. In der vertrauten Umgebung der Großstadt, gemeinsam mit ihren Freunden, mit denen sie teilweise aufgewachsen ist, anderen, die sie erst kurze Zeit kennt, denen sie aber vertraut und sich zugehörig fühlt, testet und konsumiert sie Alkohol und andere Drogen. Bodil lernt auch viele Leute in Internetforen kennen und trifft sich mit ihnen in der Stadt. Sie entfernt sich immer weiter vom Familienleben und weiht ihre Eltern nicht in ihre Vorhaben ein. Bodil lebt in einer Parallelwelt, zu der sie den Eltern den Zugriff verweigert.

Lange Zeit wissen Herr und Frau K. gar nicht, dass ihre Tochter sich mit »Chatbekanntschaften« trifft. Die häuslichen Regeln empfindet Bodil als einschnürendes Korsett. Was Vater und Mutter als altersangemessen und im Rahmen empfinden, löst bei Bodil jedes Mal aufs neue Stress und Unmut aus. Es kommt zu Endlosdiskussionen, bei denen scheinbar keiner den anderen versteht. Die Eltern fordern von Bodil beispielsweise: Mit ihren 16 Jahren soll sie nach der Schule immer erst direkt nach Hause kommen, abends muss sie um 22 Uhr daheim sein. Ihre Springerstiefel sind im Haus verboten. Sie soll ihr Zimmer in ordentlichem Zustand hinterlassen, also keine Klamotten auf dem Boden liegenlassen, Essenreste in der Küche entsorgen und verschmutztes Geschirr in die Spülmaschine räumen.
Das alles empfindet Bodil als unzumutbar, dürfen doch andere in ihrem Alter selbst über die Zimmerordnung entscheiden, viel länger draußen bleiben und auch bei anderen übernachten. Aus heutiger Sicht sieht sie schon, dass die Eltern das alles aus Sorge um sie gemacht haben, kann es aber dennoch nicht verstehen und findet es völlig übertrieben.

Die Flucht aus der Enge der häuslichen Erziehung

Bodil hat nach eigener Aussage noch so viel Zeit vor sich, dass sie ruhig erst einmal das Leben genießen kann. Die Schule beendet sie noch mit einem Mittleren Schulabschluss, aber die Ausbildung als Sozialassistentin, die dann folgt, bricht sie nach wenigen Wochen ab. Die Eltern hatten ihr diese schulische Ausbildung ausgesucht und gemeint, dass diese Bodils Wünschen und Vorstellungen durchaus entspräche. Die Ablehnung der elterlichen Entscheidungen offenbart sich aber auch in diesem Punkt. Bodil hat andere Pläne. Mehr Spannung und Abenteuer verspricht das Leben auf den Straßen Berlins. Da geht der Punk ab. Für ein Pflichtbewusstsein und einen regelmäßigen Schulbesuch ist hier kein Platz. Sie hat Angst, das »wahre« Leben zu verpassen.

Im Dezember 2007 haut Bodil das erste Mal ab. In einem Internetchat lernt sie einen Jungen kennen. Regelmäßig gehen nun die Nachrichten hin und her, und Bodil fühlt sich in kurzer Zeit sehr vertraut mit ihm. Bei einer Shoppingtour mit Bodils bester Freundin haben die beiden Mädchen spontan die Idee, in den nächsten Zug nach Hamburg zu steigen und den Chatpartner zu besuchen. Sie fahren in Richtung Hamburg los, ohne Fahrkarte, ohne Gepäck und ohne dass jemand von ihrem Ausflug weiß. Das Abenteuer währt nicht lange. Die Mädchen werden sehr schnell von der Polizei aufgegriffen und nach Hause zurückgebracht. Bodil beherrscht zu dem Zeitpunkt noch nicht die Tricks, mit denen man in der Großstadt untertauchen kann.

Das Mädchen zieht es aber fortan an die Plätze Berlins, an denen sich die Punker treffen und auch diejenigen, die von zu Hause abgehauen sind. Ihre freie Zeit verbringt sie jetzt fast ausschließlich an der »Potze« (am Potsdamer Platz) und auf dem Alexanderplatz. Diese Treffpunkte werden ihre zweite Heimat. Mit den Jungen und Mädchen dort fühlt sie sich wohl, die neuen Freunde teilen ihre Lebenseinstellung, hören dieselbe Musik und tragen das gleiche Outfit. Bodil sucht Vorbilder und Muster, mit denen sie sich identifizieren und denen sie nacheifern kann. Sie glaubt, diese jetzt endlich gefunden zu haben, und taucht immer weiter in die Welt der Punks ab. Das Vorstadtleben ihrer Herkunftsfamilie und das ihrer Freunde ohne Obdach klafft immer weiter auseinander. Bodil bekommt diesen Spagat bald nicht mehr hin. Der Sog des Neuen, Spannenden und Aufregenden wird immer größer.

Im März 2008 packt sie ihr Täschchen nach Aussage der Mutter praller als sonst. Die Eltern denken sich noch nichts dabei. Als Bodil am Abend aber nicht zum vereinbarten Zeitpunkt aus der S-Bahn in Großbeeren aussteigt, beginnen sie sich Sorgen zu machen. Die Ängste von Bodils erstem »Ausflug« kommen wieder hoch. Dieses Mal warten sie aber nicht ab. Der Vater schnappt sich ein Foto und geht noch am selben Abend zur Polizeiwache, um eine Vermisstenanzeige aufzugeben. Die Polizisten kommen daraufhin mit zum Haus der Familie und durchkämmen noch in der Nacht Bodils Zimmer, um sich einen Einblick in deren Lebenswelt zu verschaffen. Sie suchen nach Anzeichen für Bodils Flucht und nach zusätzlichen Hinweisen, wohin die Reise gegangen sein könnte. Die Eltern schildern diese »Razzia« als sehr unangenehm. Alle persönlichen Sachen wie Bodils Tagebuch oder ihre Briefe werden unter die Lupe genommen und durchsucht, immer mit der Ermittlungsbegründung zu erfahren, wohin es Bodil gezogen haben könnte. Den Eltern werden Fragen gestellt, aus denen diese schließen, dass sie verdächtigt werden, etwas mit Bodils Verschwinden zu tun zu haben. Die Polizisten geben keine Auskunft darüber, ob sie Anhaltspunkte gefunden haben, veranlassen aber den Start der Suche nach Bodil.

Bei der Fahndung kommt modernste Technik zum Einsatz. Schon morgens um drei Uhr informiert die Polizeit die Familie telefonisch darüber, dass Bodils Mobiltelefon in Köln geortet worden sei. Die Eltern können keinen Zusammenhang herstellen. Später erfahren sie, dass es Bodil in Berlin nicht mehr gefallen hat und sie deshalb nach Köln gefahren ist. Über das Handy versuchen die Eltern auch den Kontakt zu Bodil aufrechtzuerhalten. Die erste Woche kann Bodil noch von dem Geld, das auf ihrem Bankkonto ist, leben. Doch dann wird es schwierig. Die Eltern lassen sich erweichen und zahlen ihr das Kindergeld auf das Bankkonto. Sie haben einfach Angst, dass Bodil sonst auf die schiefe Bahn gerät. Hilfe haben sie zu diesem Zeitpunkt noch keine von außen in Anspruch genommen. Zu groß ist die Scham, dass sie es als Eltern nicht schaffen, Bodil zurückzuholen. Sie versuchen, die Probleme allein in den Griff zu bekommen.

MEINE EINSCHÄTZUNG: *Familie K. holt sich erst Hilfe, als der Leidensdruck kaum noch auszuhalten ist: Ihr Kind ist bereits weg. An dieser Stelle trete ich auf den Plan. Lange bevor die Kamera zum Einsatz kommt, diskutiere ich mit den Eltern über meine Möglichkeiten, über ihre Unterstützungsbereitschaft und über meine Strategien. Ich werde von allen in der Familie akzeptiert. Das ist eine wichtige Voraussetzung, um mit der Familie und ihrer speziellen Problematik zu arbeiten. Wir brauchen ein vertrauensvolles Verhältnis, um etwas zu erreichen und gemeinsam zu verändern. Die Eltern sehen mich als Vermittler zwischen ihnen und ihrer Tochter. Sie selbst kommen nicht mehr an sie heran und dringen nicht mehr zu ihr durch. Bodil wiederum sieht mich als Überbringer ihrer Botschaft, dass sie sich erwachsen fühlt und von den Eltern nicht mehr bevormundet werden möchte. Ich sehe, dass die Familie es schaffen muss, sich die jeweils andere Position anzuhören und nach einem Miteinander zu suchen. Die Familie braucht Hilfe von außen, um die Kommunikation wieder aufzunehmen.*

An dieser Stelle möchte ich Sie noch einmal ermutigen, bei jeglichen Anzeichen, bei denen Sie das Gefühl haben, mit der Lage nicht mehr allein fertig zu werden, Hilfe von außen zu suchen. Mögliche Ansprechpartner finden Sie bei Erziehungs- und Familienberatungsstellen. Es wird nicht immer jegliches Fluchtverhalten bei unseren Kindern verhindern können, aber die Chancen werden größer, dass man einen gemeinsamen Lösungsweg findet.

>> Leben auf der Straße

Die Misere nimmt ihren Lauf. Bodil lernt auf der Straße verschiedene Freunde und Freundinnen kennen. Sie findet sehr schnell Anschluss und ist nie allein. Nach ihrer Aussage sieht sie weder Gefahren noch hat sie Ängste. Sie bezeichnet sich selbst als naiv und leichtgläubig. Bereits nach einer Woche in Köln, in der Bodil die Nächte auf einem Autofriedhof in einem Autowrack verbringt und nach Nächten auf der Domplatte, entwickelt sich eine Beziehung zu einem jungen Mann, der selbst schon fünf Jahre auf der Straße lebt. Beide sind von nun an unzertrennlich. Kurz danach lernen sie Punks kennen, die nach Gießen weiterreisen wollen. Da Bodil und ihren Freund Peter »Ratte« in Köln nichts hält, entscheiden sie, sich der Gruppe anzuschließen und mit nach Gießen zu ziehen. Hier nächtigen beide unter einer Brücke an der Lahn.

Das Leben auf der Straße – Romantik und Überlebenskampf

Da Bodils Freund schon sehr lange auf der Straße lebt, hat er überhaupt keine Probleme, Kontakt zu anderen Leuten aufzunehmen. Sie lernen täglich neue Jugendliche von der Straße kennen und schließen sich sehr oft deren Reisen an. So verschlägt es sie in kürzester Zeit von West nach Nord und von Süd nach Ost. Sie durchkämmen die gesamte Republik, ohne Tickets und ohne Geld. Was sie zum Leben brauchen, erbettelt der junge Mann. Die Anzeigen wegen Erschleichung von Leistungen, wie es als polizeilicher Tatbestand heißt, häufen sich. Da Bodil noch zu Hause gemeldet ist, bekommen die Eltern die Strafanzeigen und können so wenigstens nachvollziehen, wo sich ihre Tochter gerade aufhält.

Nach einem notwendigen Kurzbesuch zu Hause in Großbeeren – Bodil muss zu ärztlichen Untersuchungen – beschließen beide spontan, erst einmal »in den Urlaub zu fahren«. Andere junge Leute haben ihnen erzählt, dass es sich auf der Insel Sylt gut schnorren ließe, dort sei Geld im Überfluss im Umlauf. Und schon sitzen beide wieder im Zug. Ausgestattet mit einer Fahrkarte – das Geld haben sie von Bodils Eltern – schaffen sie es auch für knapp 24 Stunden auf die teure Urlaubsinsel. Der Ausflug endet allerdings in einem Fiasko, denn Schnorren ist auf Sylt geradezu unmöglich. So reisen sie unverrichteter Dinge wieder ab.

Das junge Glück entscheidet sich nun für ein Leben in der alten Heimat von Ratte, sie fahren nach Nordrhein-Westfalen, genauer gesagt nach Wesseling an den Rhein.

>> Erstes Treffen mit dem jungen Glück

Nach einer kurzen Suche habe ich Bodil bereits in Gießen unter der Brücke kennengelernt. Wie bei jedem neuen Fall nehme ich zu Beginn kurz Kontakt auf. Dabei frage ich erst einmal ganz allgemein ab, ob der oder die Jugendliche mit mir arbeiten möchte. Dann lasse ich einige Zeit vergehen, in der die Jungen und Mädchen überlegen können, ob sie sich auf eine Zusammenarbeit mit mir einlassen möchten. Normalerweise vollzieht sich ein Vertrauensaufbau erst allmählich und nach mehreren Zusammenkünften, oft sogar erst, wenn ich mit den Jugendlichen für mehrere Tage verreist bin.

Anders in Bodils Fall. Der Druck bei den beiden, mir etwas anvertrauen zu müssen, ist so immens, dass sie mir schon nach nur wenigen Tagen nach dem Startschuss für die gemeinsame Arbeit offenbaren, dass sie Eltern werden und es gar keine Frage ist, das Kind zu behalten.

MEINE EINSCHÄTZUNG: *Die zunehmende Zahl minderjähriger Mütter, mit denen meine Kollegen und ich arbeiten, wird auch in Deutschland von uns registriert. Im Kontext von Obdachlosigkeit war ich allerdings mit diesem Problem erst ein zweites Mal konfrontiert: Kurioserweise arbeitete ich parallel mit einem 15-jährigen Mädchen, das ebenfalls schwanger war und sich für das Baby entschieden hatte.*

Ich bin im ersten Moment trotz allem geschockt über diese Neuigkeit, weiß ich doch, welche zusätzliche Herausforderung dieser neuerliche Umstand für meinen Einsatz bedeutet. Meine Arbeit als Sozialarbeiter hat noch nicht richtig begonnen, und wir haben schon ein »dickes« zusätzliches Problem auf dem Tisch. Hier ist besonnenes und zügiges Handeln gefragt, und ich entschließe mich, sehr schnell eine intensive Arbeitsphase mit Bodil zu beginnen.

Gerade unter dem Vorzeichen einer Schwangerschaft sind die Lebensverhältnisse im Zelt, die hygienischen Bedingungen am Rhein usw. für

Bodil untragbar. Zu meinen ersten Aufgaben gehören eine Bestandsaufnahme von dem, was bisher passiert ist, eine Analyse der momentanen Situation und eine kurz-, mittel- und langfristige Perspektivplanung für die Jugendliche. Von Bodils Eltern weiß ich inzwischen viel und kenne deren Sicht zu den Ereignissen der letzten Jahre. Jetzt will ich Bodils Seite hören und abklären, ob sie bereit ist, sich helfen zu lassen. Um mit ihr arbeiten zu können, muss ich mir ein Bild von ihr, ihren Vorstellungen und Bedürfnissen machen.

Bodils Sicht, warum sie ihrem Zuhause den Rücken gekehrt hat, ist eine andere als die ihrer Eltern. In einem Gespräch erzählt sie mir, dass sie das Gefühl habe, ihre Mutter hätte sie aufgegeben und abgeschrieben. Bodil lebt zu dieser Zeit schon einige Monate auf der Straße. Auf meine Frage, warum sie nicht nach Hause will, antwortet sie: »Das fällt doch nicht auf, wenn ich nicht da bin. Sind doch genug Kinder zu Hause.« Bodil war 16 Jahre und das mittlere von drei Kindern, als ich sie kennenlerne. Auf dieses Phänomen und dessen Auswirkungen werde ich später eingehen.

Sehr schnell stelle ich fest, dass ihr Freund eine sehr dominante Rolle in der Beziehung spielt. Er trifft bei den beiden die Entscheidungen und vereinnahmt Bodil in ihrer gesamten Persönlichkeit. Bei ihrer täglichen Beschäftigung, dem »Schnorren« beispielsweise, darf Bodil nicht selbst die Leute um etwas Geld bitten, sondern muss in einiger Entfernung sitzen und das Geld zählen. Nach Meinung des Freundes kümmert sich der Mann um den Unterhalt des Paares, die Freundin bleibt in der Nähe, soll aber nicht arbeiten. Er übernimmt vollständig die Rolle des Organisators und Managers des Paares.

>> Schritt für Schritt – Tausche Outdoor-Camp gegen Leben mit Kind

In dieser Situation fälle ich eine sozialpädagogische Entscheidung. Ich muss Bodil sehr schnell und erfolgreich aus ihrem derzeitigen Umfeld lösen. Für kurze Zeit werde ich sie von ihrem Freund trennen, um etwas über ihre Bedürfnisse, Wünsche und Vorstellungen zu erfahren. Zu sehr hat sie sich aus meiner Sicht schon mit ihrer Rolle arrangiert, keine Entscheidung selbst treffen zu müssen. Bodil überlässt das Denken und Entscheiden ihrem Freund Peter. Ich schlage Bodil vor, ein Wochenende mit mir wegzufahren, ohne dass der Freund mitkommen kann.

MEINE EINSCHÄTZUNG: *In diesem speziellen Fall bin ich zu schnellem Handeln verpflichtet, weil eine außergewöhnliche Situation vorliegt. Bodils Schwangerschaft und ihre Lebensumstände auf der Straße stellen eine Gefährdung des noch ungeborenen Lebens dar. Ich habe den Eindruck, dass sich Bodil darüber nicht im Klaren ist. Aus diesem Grund hat eine intensive Arbeitsphase mit der werdenden Mutter für mich höchste Priorität.*

Im Anschluss rede ich ganz ruhig mit Peter und erkläre ihm mein Vorhaben und die Gründe dafür. Bodils Freund reagiert emotional, weint und schluchzt an meiner Schulter, zeigt sich aber sehr einsichtig und lässt Bodil ihre Sachen packen. Diese Situation setzt ihm aber ganz schön zu. Am Abreisetag hole ich Bodil in ihrer gemeinsamen Unterkunft ab – sie wohnen vorübergehend bei einem Freund in einer Wohnung – und sehe schon, dass die Verabschiedungsszene kein Ende nehmen will. Für Peter bricht offenbar eine Welt zusammen. Endlich hat er ein Mädchen gefunden, das ihn bedingungslos liebt. Er kann die zeitliche Trennung schwer aushalten. Bodil hingegen genießt ganz offensichtlich die Aufmerksamkeit, die sie bekommt und freut sich auf den Ausflug, der sie in eine andere Welt bringt. Wir fahren gemeinsam auf die Nordseeinsel Sylt, auf der Bodil und ihr Freund schon einmal die beschriebenen 24 Stunden versucht haben, sich als schnorrendes Punkerpaar durchzuschlagen. Bodil ist sichtlich froh, dass ihr an diesem Wochenende einmal etwas Luxus zuteilwird und sie in einem richtigen Bett schlafen kann. Was Bodil zu diesem Zeitpunkt noch nicht weiß, ist, dass ich ihre Mutter und ihren kleinen Bruder Levi an diesem Wochenende auch auf die Insel eingeladen habe. Ich habe mit Frau K. im Vorfeld vereinbart, dass wir mit Bodil ein ernstes Gespräch über ihre momentane Lebenssituation führen und den aktuellen Umstand, dass Bodil schwanger ist, thematisieren müssen. Denn noch ist Bodil minderjährig, Mutter und Vater sind sorgeberechtigt und das Baby wird perspektivisch unter der Vormundschaft des Jugendamtes stehen.

WAS BEDEUTET VORMUNDSCHAFT?

Der Vormund ist ein rechtlicher Vertreter anstelle der Eltern, der sich um das Wohlergehen des Heranwachsenden sorgt. Können oder wollen Eltern ihrer Verantwortung und ihren Pflichten im Zusammenhang mit ihrem Sorgerecht nicht nachkommen, muss ein Gericht entscheiden, wer diese Aufgabe übernimmt. Häufig wird zunächst im familiären Umfeld nach geeigneten Personen gesucht.
Der Vormund verwaltet zum Beispiel das Geld, bis der Heranwachsende 18 Jahre alt geworden ist, er kümmert sich darum, dass der Heranwachsende bei einer Person aus dem Familienumfeld oder in einem geeigneten Heim, bei einer Pflegefamilie oder in einer betreuten Wohnung untergebracht wird.
Einen besonderen Fall gibt es bei der Vormundschaft: Wenn ein Mädchen ein Kind bekommt, bevor es 18 Jahre alt ist, dann bekommt es für die gesetzliche Vertretung seines Kindes einen Vormund an die Seite gestellt.

>> Zwei Welten treffen aufeinander

Mutter und Tochter teilen sich an diesem Wochenende die Ferienwohnung und verbringen viel Zeit miteinander. Eine Situation, die es Jahre zuvor so in der Familie K. nicht mehr gegeben hat. Außerdem schaffen wir eine sehr lebensnahe Situation, da auch das Baby Levi dabei ist. So kann Bodil gleich einmal erleben, wie anstrengend ein Alltag mit einem Baby ist. Ich lasse die beiden zunächst allein, oft sind sie auch ohne mich am Strand, so dass sie sich nach der

Auszeit von der Straße – Mutter und Tochter auf Sylt

langen Trennungsphase erst einmal wieder näherkommen können. Sie genießen offensichtlich die Zweisamkeit fernab vom Alltag. Wir können die Zeit aber nicht nur zum Smalltalk nutzen, sondern müssen auch ernste Themen besprechen. Ich coache noch einmal die Mutter, welche Inhalte unbedingt angesprochen werden müssen und wie wir strategisch vorgehen. Beim nachfolgenden Gespräch zwischen Mutter und Tochter entbrennt aber sofort eine heiße Diskussion zum Thema »Mutterschaft«. Bodil versucht, die auf sie zukommenden Aufgaben und Herausforderungen zu bagatellisieren und weist immer wieder darauf hin, dass sie einen starken Partner an ihrer Seite hat, der eine Menge Verantwortung übernehmen wird. Die Mutter macht ihr aber auch immer wieder deutlich, dass dieses Kind in erster Linie ihre

Entscheidung ist und dass sie unter Umständen auch allein mit dem Baby leben können muss.

Nach dem Gespräch hat die Mutter nicht den Eindruck, dass sich Bodil über die Konsequenzen ihrer Entscheidung bewusst ist. Zu Levi findet Bodil auch an diesem intensiven Wochenende keinen wirklichen Zugang. Die Mutter schenkt ihr am Ende noch ein Buch zum Thema Schwangerschaft. Dann fahren beide getrennt in ihre Lebenswelten zurück, Bodil zu Peter nach Wesseling, die Mutter zur Familie nach Großbeeren.

Familie gründen auf der Straße

Bodil und ihr Freund waren erst zwei Monate zusammen, als mir beide stolz verkündeten, dass sie Eltern werden. Beide leben auf der Straße, haben kein geregeltes Einkommen, kennen sich erst einen relativ kurzen Zeitraum und haben weder zu Bodils noch zur Familie des Freundes eine feste Bindung. Die Motivation, ein Baby gemeinsam großzuziehen, entspringt dem ganz natürlichen Bedürfnis nach Zusammengehörigkeit, bedingungsloser Liebe und dem Wunsch, der Welt zu zeigen, wozu sie imstande sind.

Bodil war nur Monate zuvor fassungslos, dass ihre Mutter noch mit 40 Jahren ein Baby bekam. Aus ihrer Sicht waren die materiellen Bedingungen für ein weiteres Kind nicht günstig. Außerdem war es ihr peinlich, dass die Mutter in ihrem Alter noch ein Kind bekommen musste. Heutzutage sei es doch für jede Frau vermeidbar, ungewollt schwanger zu werden. Bei der eigenen Schwangerschaft spielen diese Argumente keine Rolle mehr. Sie empfindet auch den Zeitpunkt einer angehenden Elternschaft nicht ungünstig gewählt. Ihre momentanen Wohnverhältnisse blendet sie aus und ist der Meinung, der Staat sei hier in der Pflicht, sie als junge Eltern zu unterstützen.

>> Abkehr von der Straße

Die zukünftige junge Familie beschließt, das Kind zu bekommen und sich eine Wohnung zu suchen. Da Bodil zu dem Zeitpunkt noch nicht volljährig ist, zieht sie nach einem mehrwöchigen Aufenthalt in einer Jugendhilfeeinrichtung bei Köln in eine erste eigene Wohnung. Entscheidend bei der Finanzierung aller Hilfen zur Erziehung sind immer der Wohnort der Eltern des minderjährigen Kindes und die detaillierte Prüfung im Einzelfall. Begutachtet wird auch unter Berücksichtigung des Alters der Klientin. Das Jugendamt im Land Brandenburg finanziert im Fall Bodil ein betreutes Einzelwohnen in Wesseling, ganz im unmittelbaren Umfeld zum Vater des noch ungeborenen Kindes. Peter freut sich sehr für die schwangere Freundin, darf aber selber diese Wohnung (als Auflage vom Vermieter) nicht betreten. Peter zieht in eine Einzimmerwohnung, finanziert von der Arbeitsvermittlungsagentur (Arge). Die zukünftigen Eltern leiden unter der erzwungenen Trennungssituation, wollen doch beide zusammen sein und auch die schönen Momente einer Schwangerschaft gemeinsam genießen. Es kommt immer häufiger zu Auseinandersetzungen und Konflikten zwischen den jungen Leuten und dem Vermieter, für den Bodils Freund kein unbeschriebenes Blatt ist. Der Vermieter hatte deshalb als Klausel in den Mietvertrag gesetzt, dass dem jungen Vater kein Zutritt zur Wohnung gewährt werden darf. Dieses Verbot hängt wie ein Damoklesschwert über dem jungen Glück.

Kurz vor Weihnachten 2008 beschließen Bodil und Ratte, dem neuen Zuhause in der rheinischen Kleinstadt den Rücken zu kehren, Peter kündigt spontan seine Wohnung und meldet sich polizeilich und offiziell in Wesseling ab. Auch Bodil wird sich immer klarer darüber, dass sie allein den Alltag mit Kind nicht einfach so meistern wird. Es kommt hinzu, dass den zukünftigen jungen Vater seine Vergangenheit immer wieder einholt. Er muss sich bemühen, seine Schulden abzuzahlen und Arbeit zu finden. Immer wieder erlebt er Rückschläge und kann sich nicht kontinuierlich und in angemessener Weise um seine Freundin kümmern. Da die Schwangerschaft inzwischen schon sehr weit fortgeschritten ist, braucht die junge Frau regelmäßige und tatkräftige Unterstützung, um mit den neuen Lebensumständen fertig zu werden. Es wird immer deutlicher, dass sie diese Hilfe nur bei ihrer Herkunftsfamilie finden kann.

Nach vier Monaten zieht Bodil von Wesseling wieder in ihre alte Heimat nach Großbeeren. Die Weihnachtsfeiertage und den Jahreswechsel verlebt das Paar in trauter Eintracht im schmucken Reihenhaus. Frau K. spürt, dass sich Bodil mehr und mehr mit der Situation überfordert fühlt und Unterstützung und direkte Hilfe braucht. Bodil darf im Schoße der Familie ihre Schwangerschaft genießen, selbst kritische Phasen mit ärztlich verordneten mehrwöchigen Liegephasen verbringt sie auf der elterlichen Couch im Wohnzimmer. Umsorgt von ihrem Freund Peter und ihren Eltern fühlt sich Bodil sehr wohl. Peter wird für eine vorher vereinbarte Frist von einem Monat von Familie K. in deren Haus geduldet. Er muss sich in Berlin oder auch in näherer Umgebung selber um Wohnraum und Arbeit kümmern. Das tut er auch und meldet sich in Berlin-Neukölln an, mietet eine Wohnung über die Arge und geht auf Arbeitssuche.

Neues Leben – Eltern sein

Janek wird als erstes Kind von Bodil gesund geboren. Bodil ist zu diesem Zeitpunkt fast 18 Jahre alt. Nach mehrwöchigem, alleinigem Wohnen ohne Peter unter dem Dach der leiblichen Eltern in Großbeeren – die vollkommene Betreuung der eigenen erfahrenen Mutter und Großmutter von Janek war ihr stets gewiss – entwickelt Bodil echte Muttergefühle. Sie lernt, sich auf ihren Sohn zu konzentrieren.

Bodil nimmt ihr Leben immer weiter selbst in die Hand. Über das zuständige Jugendamt und unter Beachtung des Status der minderjährigen alleinerziehenden Mutter bekommt Bodil eine eigene Wohnung im Süden von Berlin, ganz in der Nähe ihres Freundes Peter.
Natürlich wird Bodil von einem Sozialarbeiter auf ihrem Weg zur

Verselbstständigung betreut, doch Bodil vertraut auf ihre eigenen Stärken und den elterlichen Rückhalt und weiß um die Sicherheiten durch die Jugendhilfe.

Heute wohnen Bodil und Peter in einer gemeinsamen Wohnung und genießen ihr Leben mit ihrem Sohn.

Besuch in der kleinen Familie

ZUSAMMENFASSUNG

Die ersten Jahre in Bodils Leben sind wie für alle Heranwachsenden prägend für die weitere Entwicklung. Das erworbene Handlungspotential, Durchsetzungsvermögen, Selbstwertgefühl, Bindungsfähigkeit und vieles mehr hängen maßgeblich von den Entwicklungsbedingungen in der Herkunftsfamilie ab. Bei Bodils Familie spielten für ihre persönliche Entwicklung folgende Bedingungen eine wichtige Rolle:

1. Die Reihenfolge in der Geschwisterreihe prägt die Persönlichkeit der Heranwachsenden.
2. Die Bedürfnisse aller Familienmitglieder sollen Beachtung finden.
3. Absprachen und Abstimmung mit den Eltern sind das A und O.

MEINE SICHT DER DINGE

1. Geschwister-problematik

Schon in vorangegangenen Kapiteln bin ich auf Geschwisterkonstellationen eingegangen. Bei Bodil möchte ich auf ein zusätzliches Phänomen hinweisen. Bodil ist, bevor dreizehn Jahre später Levi auf die Welt kommt, das mittlere von drei Geschwistern. Bodil scheint nach den Erzählungen der Eltern schon immer komplizierter als der ältere Bruder und die jüngere Schwester zu sein. Bereits frühzeitig versucht sie, mit Wutausbrüchen auf sich aufmerksam zu machen, hat ständig das Gefühl, zu wenig Beachtung zu finden. Bodil sucht einerseits Wege, die ungeteilte Aufmerksamkeit der Eltern zu erhalten, andererseits findet sie sich aber oft mit ihrer Situation ab und genießt den Vorteil, nicht so viel Verantwortung übernehmen zu müssen – typisch für Sandwichkinder. Die mittleren Kinder haben aber auch oft das Gefühl, gar nicht wahrgenommen zu werden und zwischen den Geschwistern im Interesse der Eltern zu verschwinden.

Geschwister zu haben kann ein großer Vorteil sein, hat aber eben auch Schattenseiten. Wir müssen uns als Eltern darüber bewusst sein, dass bestimmte Phänomene auch einen besonderen Umgang erfordern. Sandwichkinder benötigen eine Extraportion Aufmerksamkeit, auch weit über die Geburt des jüngeren Geschwisterkindes hinaus. Allerdings hat sich in der Familie, deren Geschichte ich hier beschrieben habe, dieser Prozess schon verselbstständigt. Bodil hat sich genommen, was sie aus ihrer Sicht nicht in gebührendem Maße bekommen hat. Sie hat Mechanismen entwickelt, um im Fokus des gesamten Familienkonstrukts zu stehen. Außerdem ist mir in diesem besonderen Fall aufgefallen, dass die Eltern ihren eigenen Bedürfnissen wenig Raum gaben. Im Vordergrund steht für Mutter und Vater, den Ansprüchen der Kinder zu entsprechen. Die Eltern sind aufopfernd, oft bis zur Selbstaufgabe.

2. Bedürfnisse aller Familienmitglieder beachten

Jeder in der Familie hat das Recht, dass seine Bedürfnisse im Familienalltag Beachtung finden. So müssen Kinder wie Erwachsene lernen, zurückzustecken und zu warten. Auf Ausgewogenheit kommt es an und auf gute Absprachen mit allen Familiemitgliedern.

Zu gemeinsamen Abstimmungsgesprächen in der Familie gibt es unterschiedliche Rituale. Ihrer Fantasie ist dabei keine Grenze gesetzt, sich eigene Traditionen zu schaffen, um über Probleme zu reden, gemeinsame Unternehmungen zu planen oder einfach nur gemütlich über den Alltag zu plaudern. Auf jeden Fall lohnt sich der Zeitaufwand und wird Ihnen die aufgewendete Zeit doppelt und dreifach für eine gemeinsam genutzte Freizeit wiedergeben. Hier stelle ich Ihnen einige bewährte Methoden vor:

DER FAMILIENRAT

Im Familienrat setzen sich alle Familienmitglieder einmal in der Woche zusammen und sagen, was sie auf dem Herzen haben. Von der ungerechten Verteilung der Haushaltspflichten oder Regeln in der Familie, über Pläne für Geburtstage soll alles auf den Tisch kommen, was zu Konflikten führt oder gemeinsame Planung erfordert. Einer in der Familie führt den Vorsitz (abwechselnd ist jeder mal dran!) und achtet darauf, dass Regeln, wie sich aussprechen lassen oder gut zuhören, eingehalten werden. Jeder erklärt in Ruhe, was er möchte. Alle machen Lösungsvorschläge. Gibt es eine Idee, auf die sich alle verständigen können? Nach einer Erprobungszeit findet ein erneutes Gespräch statt, ob es immer noch für alle eine akzeptable Lösung darstellt. Ist das nicht der Fall, muss zusammen überlegt werden, was sich verändern soll. (vgl. Unverzagt, 1999, S. 111)

DIE FAMILIEN-PINNWAND

Eine Familien-Pinnwand ist zu empfehlen, wenn Grenzen und Regeln in der Familie klar sind und von allen eingehalten werden. Dann ist dies ein sehr kreatives Medium, anderen Mitteilungen zu zeichnen, schreiben oder zu basteln. Hier kann stehen: »Du hast dir unerlaubt meine Bluse »geborgt«, tu das nie wieder.« Oder: »Ich habe ein Problem mit deiner Unordnung im Schrank, lass uns heute Abend darüber reden.«

(vgl. Unverzagt, 1999, S.112)

HITLISTEN

Auf Hitlisten kann jeder Dinge notieren, die er gern tut. Bei Grundschulkindern kann stehen: »Ich möchte gern mit Papa Drachen steigen lassen.« Bei der Mutter: »Ich brauche Unterstützung beim Reifenwechsel.« Es hilft jedem in der Familie, sich über seine eigenen Bedürfnisse, Wünsche und Vorstellungen klar zu werden. Eine Hitliste kann aber auch bei den anderen als Anregung genommen werden, den Wunsch aufzugreifen und in die Tat umzusetzen

(vgl. Unverzagt, 1999, S. 112)

3. Miteinander sprechen

Verschiedene Sichtweisen können außerordentlich produktiv sein. Nur ist es wichtig, dass sich die Eltern zu ihren Sichtweisen im Vorfeld verständigen. Nichts ist schlimmer, als uneins vor unseren Kindern zu agieren und diese damit vollends zu verwirren. Geht es um Sanktionen, die daraus erwachsen, sollten die Eltern vor deren Verkündung schon einen Konsens dazu gefunden haben. Nichts ist so kontraproduktiv, wie sich vor dem Kind zu widersprechen oder gar zu streiten.

DIE GESCHICHTE VON NICO

>> Ouvertüre des Dilemmas

Nicos Eltern wohnten schon immer im beschaulichen Süden von Berlin. Beide Ehepartner sind in Berlin zur Schule gegangen und haben ihren sozialen Background in der Großstadt. 1986 lernten sich die beiden kennen und lieben. Zu dem Zeitpunkt waren sie noch Teenys, in etwa gleich alt, unerfahren und wollten dennoch gemeinsam oder gerade deshalb zusammen die Welt einreißen. Herr B. arbeitete als Selbstständiger in einem eigenen kleinen Blumenladen in Berlin-Britz, Frau B. war schon damals in der häuslichen Pflege tätig. Schnell zog man aus der gemeinsamen kleinen Einzimmerwohnung in eine größere Vierzimmerwohnung. Die beiden jungen Leute waren viel unterwegs und hatten einen soliden familiären Rückhalt. Die Grundlage für dieses schöne Leben, auch mit verschiedenen Auslandsreisen, war ihre finanzielle Unabhängigkeit.

Nach fünf Jahren gemeinsamen Zusammenlebens, bereits damals beeinträchtigt durch sehr hohen Alkoholkonsum von Nicos Vater, heiratet das junge Glück 1991. Die beiden Kinder, Melina, die Erstgeborene, und Nico, sind Wunschkinder. Sieben Jahre später – die Ehe ist völlig zerrüttet – lässt sich das Ehepaar B. scheiden. Laut Aussage von Frau B. ist Herr B. zu diesem Zeitpunkt stark alkoholabhängig.

Nico – ein Ausreißer, nicht weiter als 1000 Meter entfernt von der elterlichen Wohnung

Mit seinen damals drei Jahren verkraftet Nico, heute 16, die Trennung der Eltern nur schwer. Melina ist zwei Jahre älter und scheint psychisch stabiler zu sein. Trotz der Ereignisse in der Familie geht sie zielstrebig ihren Weg. Als sie zufällig bei meinem ersten Gespräch mit der Mutter dazukam, erklärt sie sehr selbstbewusst vor der Kamera, wie sie sich ihre Lebensperspektiven und Ziele im beruflichen und persönlichen Bereich vorstellt. Vor der Trennung gestaltet sich das Leben der Familie in der traditionellen Rollenverteilung. Die Mutter ist zur Erziehung und

Versorgung der Kinder zu Hause. An jedem Schönwettertag sind die drei bei der Oma im Garten, wo die Kinder auch Cousin und Cousine als Spielpartner haben. Der Vater geht inzwischen auf dem Bau arbeiten und sorgt für die materielle Sicherheit der Familie.

>> Sucht – Beziehungskiller Nummer eins

Die Alkoholsucht des Vaters ist ein schleichender Prozess, der die Beziehung zwischen dem Elternpaar unterwandert und aushöhlt. Statt des Feierabendbiers genehmigt sich der Vater zunehmend eine hochprozentige Schnapsflasche am Abend. Zu Beginn trinkt die Mutter bei Besuchen von Freunden noch mit. Ihr wird aber schnell klar, dass sich dieser Konsum belastend auf die Familienatmosphäre auswirkt.

Durch das ständige Trinken und die darauffolgenden Szenen eskaliert die Situation zu Hause immer öfter. In alkoholisiertem Zustand wird der Vater bei solchen Auseinandersetzungen hochgradig aggressiv, was sogar darin gipfelt, dass er die Mutter körperlich angeht und sie bedroht. Die Psyche der Mutter leidet immer mehr, ebenso wie die der Kinder. Sie leben in ständiger Angst, dass der immer öfter alkoholisierte Vater alle bedroht oder gar zuschlägt. Die Kinder beginnen, die Schnapsflaschen in ihren Kinderzimmern zu verstecken, damit der Vater zu Hause nicht weitertrinken kann. Aber Herr B. kennt diese Strategie längst und sucht wütend nach Nachschub in den Zimmern von Melina und Nico.

MEINE EINSCHÄTZUNG: *Immer wieder erlebe ich, dass Familien versuchen, die Sucht vor Angehörigen und Außenstehenden so lange wie möglich zu verheimlichen. Im Falle von Familie B. kommt noch hinzu, dass nach Aussage der Mutter auch die Familie von Herrn B. das Alkoholproblem bagatellisierte. Frau B. kam sich oft so vor, als würde sie die ganze Sache dramatisieren.*
Alkohol und Nikotin sind legale Drogen und gesellschaftsfähig. Illegale Drogen hingegen werden als wesentlich bedrohlicher wahrge-

nommen. Nach wie vor ist in Deutschland aber Alkoholabhängigkeit am meisten verbreitet und steht als Todesursache bei Suchtmittelmissbrauch an erster Stelle.

Die Mutter beschließt, sich und den Kindern eine Auszeit zu geben, um Abstand zu gewinnen und ihre Situation zu überdenken. Auf einer Mutter-Kind-Kur wird Frau B. bewusst, dass die Sucht die Familie total zerstört. Sie ist mit beiden Kindern fernab von zu Hause. Außer den Erholungsangeboten gibt es ebenfalls die Möglichkeit, Gespräche mit geschultem Personal zur aktuellen Lebenssituation in den Familien wahrzunehmen. Frau B. nimmt dieses Angebot für sich an und redet viel über ihre Ehe und die Belastungen, die im Alltag auf sie einstürzen. Bei jedem Gespräch wird ihr deutlicher, dass nur sie etwas daran ändern kann. Nach der Heimkehr trifft sie aus diesem Grund die Entscheidung, dieser Misere ein Ende zu bereiten und sich vom Ehemann und Vater ihrer Kinder zu trennen. Die Mutter sucht für sich und die Kinder eine Wohnung und zieht erst einmal vorübergehend zu ihren Eltern.

Nach der Trennung verabredet sich der Vater mit den Kindern nur sporadisch. Er wird durch die Alkoholabhängigkeit nun vollständig beherrscht. Sein letztes bisschen Struktur bricht durch den Auszug der Familie komplett weg. Herr B. schafft es nicht, regelmäßige Termine einzuhalten und den Kindern trotz der Trennung ein verlässlicher Partner zu sein. Die Kinder sind über diese Unzuverlässigkeit enttäuscht und geben den Glauben an ihren Vater rasch auf. Aus Sicht der Mutter stellt sich Nicos Vater seiner Sucht noch immer nicht. Erst als das Jugendamt aufmerksam wird, weil der Vater im angetrunkenen Zustand den Kindern nicht die notwendige Aufmerksamkeit geben kann, muss Herr B. sein Problem einsehen. Er erhält von der Amtsmitarbeiterin die Auflage, erst einen Entzug zu machen, bevor er erneuten Kontakt zu den Kindern aufnehmen darf.

Nach Aussage der Mutter leidet Nico sehr unter dem Verlust der Vaterfigur. Er freut sich über jeden Anruf des Vaters und setzt große

Hoffnung in die kleinen Anfänge eines erneuten Umgangs. Doch immer wieder wird er enttäuscht, wenn sich der Vater wieder nicht wie verabredet meldet.

>> Heimtückische Ruhe vor dem Sturm

In den ersten Jahren gehen beide Kinder ihren Weg. Es macht den Eindruck, als hätten sie die Trennung der Eltern überwunden. Die Krise scheint bei den Kindern keine bleibenden Schäden hinterlassen zu haben. Aber der Eindruck täuscht.

Die intellektuellen Voraussetzungen, so zeigt es sich in der Grundschulzeit, sind bei beiden Kindern so, dass sie Abitur machen könnten. Die zwei sind musikalisch und sportlich. Nico geht in einen Sportverein und verbucht dort beachtliche Erfolge. Er ist ein begeisterter Turner und gewinnt schon sehr zeitig sämtliche Pokale seiner Altersklasse. Der Übergang in die weiterführende Schule stellt die erste Belas-tungsprobe für das Familienleben dar. Nico besucht eine Ganztagsschule und muss bis 16 Uhr an den Veranstaltungen teilnehmen. Aus seiner Sicht beschneidet dieser Tagesablauf sein Bedürfnis nach eigener Freizeitgestaltung enorm. Erste Anzeichen von Verweigerung stellen sich sehr schnell, schon in der siebten Klasse, ein. Hängt er zunächst nur einzelne Stunden ab, werden es am Ende Tage. Die Struktur der Schule unterstützt Nicos Unlust, diese regelmäßig zu besuchen. Jeder Lehrer muss zwar einen Fehlzettel für jede Stunde und für jeden Schüler ausstellen, doch bis dieser Beleg beim Anwesenheit führenden Lehrer ankommt, dauert es manchmal Tage. So fällt es oft nicht sofort auf, dass ein Schüler über mehrere Tage der Schule fern- bleibt. Der Junge kann lange Zeit unbehelligt weiter seine Tage gestalten, ohne irgendwelche Konsequenzen befürchten zu müssen. Für seine Pflichtverletzung wird er nicht zur Verantwortung gezogen. Die Mutter wird erst Wochen später auf einem Elternsprechabend über die Schulversäumnisse und deren Entwicklung informiert.

MEINE EINSCHÄTZUNG: *Die Schule hielt es nicht für nötig, die Mutter schon im Vorfeld zu informieren und eine Schulversäumnisanzeige zu veranlassen.*

WAS PASSIERT BEI EINER SCHULVERSÄUMNISANZEIGE?

Schulversäumnisanzeigen sind Formulare, die von der Schule, die der Jugendliche besucht, verschickt werden, wenn dieser über einen längeren Zeitraum fehlt und von den Sorgeberechtigten keinerlei Entschuldigungen vorliegen. Je nach Bundesland variiert der Zeitraum, der verstreichen muss, damit dieses Dokument die Eltern, das Schulamt und das Jugendamt über das Versäumnis in Kenntnis setzt. In einigen Bundesländern wird das Ordnungsamt zur Mitarbeit hinzugezogen, um die Schüler der Schule zuzuführen.

Eine Verknüpfung ungünstiger Umstände befördert also die Verweigerungshaltung von Nico, seiner Schulpflicht nachzukommen. Jugendliche in der Pubertät testen Grenzen aus und probieren, wie weit sie gehen können. Sie schreien nach Kontrolle und der Auseinandersetzung mit Erwachsenen. Wenn sie aber ungehindert, wie im Falle der Schulverweigerung, ihre Pläne durchsetzen können und nicht auf Widerstand stoßen, manifestiert sich dieses Fehlverhalten.

Als die Mutter sich daranmacht herauszufinden, was ihr Sohn den Tag über treibt, erfährt sie, dass Nico in dieser Zeit mit Gleichaltrigen Drogen konsumiert und in Parks oder an anderen einschlägigen Plätzen seine neu gewonnene Freizeit verbringt. Frau B. ist enttäuscht und hat das Gefühl, sie könne Nico überhaupt nicht mehr erreichen.

Er entzieht sich gänzlich allen Ritualen, die bislang zum Alltag der Familie gehörten. Der Mutter fällt es wie Schuppen von den Augen, und was ihr bisher nur als einzelne Puzzleteile aufgefallen ist, setzt sich jetzt zu einem großen Ganzen zusammen. So beobachtet sie schon seit einer Weile, dass Nico unglaubliche Mengen Süßigkeiten in sich hineinstopft. Jetzt kann sie einen Zusammenhang zwischen dieser Zuckersucht und dem Drogenkonsum ihres Sohnes erkennen. Auch verschwinden ständig Geld und Gegenstände aus der Wohnung. Höhepunkt ist der Diebstahl von 300 Euro aus dem Zimmer von Melina. Jetzt wird der Mutter bewusst, wer die Diebstähle begangen hat und wozu Nico das Geld brauchte.

Vorstadtidylle – das besondere Umfeld von Nico

Als die Aktivitäten rund um Nicos Schulverweigerung auffliegen, versucht er, sich den Sanktionen und Regeln, die die Mutter durchsetzen will, zu entziehen, kommt und geht, wann er will. Die Mutter weiß nicht mehr, wie sie mit Nico und seinem Rückzug umgehen soll. Zum Schulbesuch ist er nicht mehr zu bewegen, Regeln und Grenzen kann sie mit ihm nicht verhandeln. Wenn Schwester Melina versucht, Nico zur Rede zu stellen, wird er aggressiv und ausfallend. Es kommt zu gewalttätigen Übergriffen der Schwester gegenüber, wenn Nico nicht zu seinem gewünschten Erfolg kommt. Die Mutter hingegen gibt häufig nach, um den häuslichen Frieden nicht zu gefährden. Sie sieht immer öfter Parallelen im Verhalten ihres Ehemannes und dem ihres Sohnes Nico. Innerlich baut sie eine Abwehrhaltung Nico gegenüber auf. Zu sehr kommen Bilder der Vergangenheit wieder hoch, als ihr damaliger Ehemann unter Alkoholeinfluss die Familie tyrannisierte.

Mein Einsatz beginnt

Als wir das erste Mal über Nicos Entwicklung in der Familienkonstellation und über Nicos Vater sprechen, wirkt Frau B. auch nach zehn Jahren noch sehr aufgewühlt. Ich spüre die Betroffenheit in ihrer Stimme. Die fürchterlichen Erlebnisse, all die Exzesse, Beschimpfungen und Demütigungen durch den Ehemann kommen immer wieder dann besonders hoch, wenn sie mit Nico aneinandergerät und dieser laut, aggressiv und gewaltbereit erscheint. Frau B. sieht in diesen Situationen stets ihren Mann vor sich. Sie schafft es nicht, mit Nico ihre Ängste, traumatischen Erinnerungen und Befürchtungen zu thematisieren und ihm zu zeigen, dass sie Parallelen zwischen seinem Verhalten und dem des alkoholabhängigen Vaters sieht. Nico fühlt sich deshalb unverstanden, alleingelassen und einsam. In vielen intensiven Gesprächen erzählt er mir, dass er die Trennung seiner Eltern bis heute nicht verkraftet hat. Immer wieder hatte er die Hoffnung, sein Vater würde endlich aufhören mit dem »Saufen« und ein guter Vater werden. Nico hat resigniert, weil er weiß, wie oft er seine Mutter schon enttäuscht hat. Allein findet er aber aus dem Dilemma nicht heraus. Er zieht sich immer mehr zurück. Nach seiner Darstellung geht die Mutter keinen Schritt auf ihn zu, der Vater ist für ihn nicht greifbar. Er sucht sich Erwachsene, um von ihnen liebevolle Zuwendung zu erhalten und ihnen wiederum zu zeigen, dass er zuverlässig sein kann.

Nicos Leben findet jetzt auf der Straße statt. Nicht wirklich weit weg von seinem Zuhause, nein, Nico hält sich über acht Monate in einem Radius von tausend Metern in Berlin-Britz auf. Er wohnt mal hier und mal dort, mal darf er irgendwo länger bleiben, mal kürzer.
Zusammen mit einem Freund zieht er zuletzt bei dessen Oma ein. Bei ihr bekommt er, was er vermisst. Die Oma ist herzlich und zeigt ihm,

dass sie ihn mag. Mit seinem Freund teilt er sich im Keller der Oma ein Zimmer, immerhin mit einem eigenen Bad. Bei ihr bekommen sie Essen und auch ihre Sachen können sie dort waschen. Die alte Dame wohnt unweit der Wohnung der Mutter und Schwester.

Nico sucht Schutz und Geborgenheit – und das alles in Sichtweite zur Mutter. Seine Bindung zur Familie ist immer noch sehr stark. Er möchte gar nicht auf der Straße leben, er hat nur überhaupt keine Strategie, wie er nach Hause zurückkehren kann. In meinen zahlreichen Gesprächen mit ihm wird mir immer klarer, dass es viele unausgesprochene Verletzungen in dieser Familie gibt. Die Mutter findet keinen Zugang mehr zu ihrem Sohn, und die Schwester ist frustriert, weil Nico sie als Zielscheibe seiner Wut nutzte. Niemand in der Familie hört Nicos Hilferufe. Mutter und Schwester machen auf mich einen sehr symbiotischen Eindruck. Melina verkörpert die Starke, der alles gelingt. Sie hat ein geschmackvoll eingerichtetes Zimmer, geht regelmäßig in die Schule, ist erfolgreich beim Lernen, »modelt« nebenbei und unterstützt die Mutter im Haushalt. Ihr gelingt all das, was Nico misslingt. Nico kann es in Gesprächen nicht benennen, aber ich spüre deutlich, dass er sich als Versager fühlt. Aus dieser Nische kommt er ohne Hilfe nicht heraus.

Auf in die Ferne, um sich näher-zukommen

Ich bespreche meine Wahrnehmung mit der Mutter und mache ihr deutlich, dass Nico nur zurückkommen kann, wenn Mutter und Sohn eine neue Ebene der gegenseitigen Akzeptanz und Nähe finden. Aus diesem Grund vereinbaren wir eine gemeinsame Reise, nur Mutter und Sohn mit mir als Coach. Auch Melina, die Schwester wird in die Pläne eingeweiht. Ich erkläre ihr meinen Ansatz, der darin besteht, erst einmal die Schwierigkeiten zwischen Mutter und Sohn zu bearbeiten. Zu einem späteren Zeitpunkt möchte ich mich dann aber auch noch der Geschwisterproblematik – und damit auch Melina – widmen. Doch im Mittelpunkt stehen jetzt erst die Missverständnisse zwischen Mutter und Sohn, die das Fass zum Überlaufen gebracht haben.

Bei meinen Gesprächen und meiner Teilhabe an Nicos Lebenswelt wird deutlich, dass er sehr sportlich ist, lange Zeit Skateboard gefahren ist und Lust hat, wieder einmal eine Herausforderung anzugehen. Ich plane eine Reise in den Schnee: Nico wird Snowboardfahren lernen. Da in den Gesprächen mit der Mutter herauszuhören ist, dass sie Nico nichts mehr zutraut, will ich sie überraschen und hoffe, mein Plan geht auf. Ich fahre mit Nico schon einen Tag eher los, damit er bei Ankunft der Mutter bereits auf dem Board stehen kann. Er soll der Mutter die ersten Übungen zeigen. Nico ist ein Naturtalent, und bereits nach nur wenigen Stunden kann er nicht nur auf dem Board stehen, nein, Nico fährt bereits richtig. Frau B. lässt sich auf meinen Plan ein und ist gewillt, sich den Lehrunterweisungen ihres Sohnes unterzuordnen. Bei den geplanten Übungen wird zwangsläufig viel Körperkontakt entstehen, also physische Nähe, zudem sind die Übungen sehr zeitintensiv. Das ist mir sehr wichtig, weil auf diese Weise sich die Mutter Nico anvertrauen muss. Diesen Umstand gab es bei den beiden schon lange nicht mehr. Mit meiner Aktion will ich das

Vertrauensbildende Maßnahme im Schnee

Misstrauen der Mutter und die Resignation Nicos durchbrechen und der Sprachlosigkeit zwischen den beiden ein Ende bereiten. Dieser Ausflug soll einen Neuanfang einläuten.

Nico weiß nicht, dass seine Mutter am nächsten Tag anreisen wird. Ich möchte ihn überraschen und seine Reaktion sehen. Aus diesem Grund ziehe ich mich, im Moment der ersten Begegnung nach vielen Monaten der Trennung zwischen den beiden, zurück. Ich möchte ihnen den Augenblick und die damit verbundenen Emotionen vollständig lassen. Die Freude ist offensichtlich da, wenn auch noch sehr verhalten. Ich sehe hinter Nicos Stirn die Unsicherheit und die damit verbundenen Fragen: Was wird das hier? Bin ich dem gewachsen? Werde ich meine Mutter nicht enttäuschen, wie so viele Male? Der Mutter steht die Freude, ihren Sohn zu sehen, ins Gesicht geschrieben. Nico ist gut gelaunt, hat keine Drogen konsumiert und mit mir einen persönlichen Betreuer an seiner Seite. Beide setzen große Hoffnung in mich, dass sie über meine Unterstützung wieder zueinanderfinden. Für beide überraschend ist zudem, dass sie ein Zimmer miteinander teilen sollen. Mein Ansinnen ist, dass sie so viel Zeit wie möglich zusammen verbringen und gezwungen sind, sich miteinander auseinanderzusetzen. Ihre Strategie zu Hause war Flucht und Rückzug. Hier möchte ich ihnen diese Möglichkeit so selten wie möglich geben.

Etappen der Annäherung

Es klappt besser als erwartet. Nico zeigt Ausdauer und Beharrlichkeit bei der Unterweisung seiner Mutter im Snowboardunterricht. Er ist ein »Lehrer«, der sich auf seine Schülerin einzustellen vermag, ihr immer wieder Mut zuspricht und sie lobt. Auf ganz unaufdringliche Weise zeigt er damit der Mutter, was er von einem Erwachsenen erwartet. Bei unserem Gespräch im Anschluss greife ich genau diese Wahrnehmung auf und spiegele sie Mutter und Sohn. Frau B. ist erstaunt und auch stolz, wie gut Nico seine Rolle ausgefüllt hat. Sie lobt ihn und kann auch benennen, dass ihr diese positive Seite schon lange gefehlt hat. Die erste Hürde haben wir an diesem Tag genommen, und ich habe ein gutes Gefühl, dass mein Plan durchaus aufgehen kann.

Am darauffolgenden Tag muss Frau B. noch einige Übungsstunden bei Nico nehmen. Dann soll aber auch Nico noch einmal auf seine Kosten kommen. Es ist erstaunlich, wie gut sein Körpergefühl ist, obwohl er viele Monate keinen Sport mehr getrieben hat. Nach anderthalb Tagen kann er eine längere Abfahrt bewältigen. Wieder ist die Mutter begeistert und glaubt ihren Augen nicht zu trauen. Nico wirkt selbstbewusster und zuversichtlicher. Die Atmosphäre ist gut, die nächste Hürde zu nehmen. Mein Ziel ist es, zwischen den beiden eine Art Vertrag zum gemeinsamen Umgang auszuhandeln.

>> Verhandlung eines Abkommens

Für die Zeit, bis für Nico eine geeignete Unterkunft und Perspektive gefunden ist, soll er nach Hause zurückkehren. Da die Familie dieses Zusammenleben nicht mehr gewohnt ist, möchte ich die Bedingungen dafür mit ihr besprechen. Jede Seite soll die für sie wichtigen Punkte benennen, und dann wird verhandelt. Diese Herangehensweise ist beiden neu. Frau B. kann bei Melina viel akzeptieren, weil Melina Grenzen nicht überschreitet. Bei Nico hat sie Bedenken, dass er Zugeständnisse ausnutzt. Wir müssen aber verhandeln, da unrealistische Ziele für Nico tatsächlich zum Misserfolg beitragen. Wenn Nico die Verhandlungspunkte nicht annehmen kann und schon im Vorfeld resigniert, nutzt ein Vertrag gar nichts und wird zwangsläufig scheitern.

Nico hat signalisiert, dass er einiges dafür tun will, um wieder zu Hause leben zu können. Trotzdem müssen die Bedingungen dafür realistisch bleiben. Nach einer harten Verhandlungsphase schaffen wir es aber, ein Regelwerk zu erstellen. Wir legen Zeiträume fest, an denen ich die Familie zu Bestandsaufnahmen besuchen werde. Außerdem halten wir Telefonkontakt für Krisensituationen. Ich habe ein gutes Gefühl, als wir uns nach vier ereignisreichen Tagen voneinander trennen.

>> Schwesterchen komm tanz mit mir, beide Hände reich ich dir

Der Geschwisterkonflikt ist die nächste Hürde, die noch immer unüberwindbar schien. Nico hat Melina in der Vergangenheit sehr verletzt. In unseren Gesprächen kann Nico benennen, dass ihm diese Streitigkeiten sehr leidtun und er sie gern wiedergutmachen möchte. Aber allein traut er es sich nicht zu. Er hat Angst, dass seine Schwester die Entschuldigung nicht annimmt und ihn zurückweist. Melina wiederum ist intelligent genug zu wissen, dass Nico sich als Versager fühlt, weil der älteren Schwester scheinbar alles gelingt. Ihre Verletzung, von Nico enttäuscht worden zu sein, sitzt aber tief. Vor Jahren, als die häusliche Situation kaum noch zu ertragen und die Krise auf dem Höhepunkt war, fühlten sich die Kinder als Verbündete. Doch als die Mutter sich trennt, mit den Kindern wegzieht, bildet sich aus meiner Sicht zwischen den Geschwistern eine Konkurrenz um die Gunst der Mutter heraus. Nico kommt dabei ins Hintertreffen.

MEINE EINSCHÄTZUNG: *Bei dieser Familie tut sich ein ganz besonderer Geschwisterkonflikt auf. Der Verlust des Elternteils, der beide Kinder verletzt, wird von ihnen sehr unterschiedlich verarbeitet. Melina scheint die Verletzung durch Zielstrebigkeit, Ehrgeiz und Willensstärke zu kompensieren. Sie bekommt dadurch sehr viel Zuspruch und Zuwendung von ihrer Mutter. Nico hingegen zweifelt an seinen Kräften und seinen Fähigkeiten, reagiert mit Rückzug und Resignation. Er hat ständig die Erfolge seiner Schwester vor Augen und fühlt sich dadurch noch mehr als Versager. Nur wenn er verletzt, stiehlt, angetrunken oder bekifft nach Hause kommt, reagiert seine Mutter auf ihn, erhält er ihre ungeteilte Aufmerksamkeit. Aus dieser Spirale findet er nicht mehr heraus. Er wünscht sich so sehr, von der Mutter gehört, gesehen und wahrgenommen zu werden, auch wenn die Zuwendung jetzt nur noch durch Fehlverhalten zu bekommen ist.*

Ich starte den Versuch, die Geschwister wieder ein Stück einander näherzubringen. Dabei knüpfe ich an die positiven Erfahrungen aus der Kindheit an. Beide haben eine künstlerische Begabung. Es ist wichtig, dass beide das Medium, das ich auswähle, gleich gut beherrschen. Meine Wahl fällt auf das Fotografieren. Meine Idee ist es, die beiden eine Collage erstellen zu lassen. In einem Fotoshooting sollen sie Fotos voneinander machen. Beide Jugendliche sind angetan von dem Vorschlag und entwickeln auch gleich kreative Ideen. Ich brauche keine großen Erklärungen oder Überzeugungsversuche. Die fertige Collage soll ein Geschenk für die Mutter werden.

Es dauert einen Tag gemeinsamer Arbeit, bis sie mit ihrem Produkt zufrieden sind. Sie haben sichtlich Freude an der gemeinsamen Aktion des gegenseitigen Fotografierens. Danach aus der Menge die für beide schönsten Fotos herauszusuchen, fällt ihnen nicht leicht. Nach längerem Abwägen und Diskutieren einigen sie sich aber und erstellen die geplante Collage für die Mutter. Frau B. kommt wie immer von der Arbeit nach Hause. Das gemeinsame Geschenk der Kinder ist eine Überraschung für sie. Die Mutter ist sichtlich gerührt und überwältigt. Nicht nur von dem Resultat, sondern auch darüber, dass endlich das gelungen ist, was sie so lange vermisst hat. Die Geschwister haben gemeinsam agiert, haben ein schönes Produkt in friedlicher gemeinsamer Atmosphäre geschaffen. All das, was die Mutter die letzten Monate zur Verzweiflung gebracht hat, ist im Moment weit weg. Frau B. schöpft Hoffnung, dass sie einen Weg gefunden haben, aus der Krise auch mit einer Unterstützung von außen herauszukommen.

Bruder und Schwester – Begegnung nach langer Zeit

Auswege aus dem Dilemma

Ich habe meine Fallbeschreibungen mit einer Familie mit Suchtproblemen begonnen und ende auch mit einer solchen Familie. Die Problematik der Alkoholabhängigkeit begegnet mir im Kontext von Straßensozialarbeit immer wieder. Der Umgang mit dem Thema ist aber in den Fällen, die ich hier im Buch beschreibe, sehr unterschiedlich. Gibt sich Familie M. im Kapitel über Cengiz vollständig auf, versucht Frau B., gegen die Sucht anzukämpfen. Frau B. sieht die Gefahr und steuert dagegen. Sie hat anfangs die Hoffnung, dass die Kinder noch nicht so viel mitbekommen und keinen Schaden genommen haben. Das erweist sich als Trugschluss. Nico schafft es nicht, das Kindheitstrauma und dessen Folgen zu verarbeiten. In der Pubertät holt ihn die Problematik ein. Er hat es nicht gelernt, sich seinen Problemen zu stellen, mit der Mutter darüber zu reden, nicht immer auszuweichen und zu Lügen zu greifen. Den Vater erlebt er als unzuverlässigen Erwachsenen, der sich seinen Problemen ebenfalls nicht stellt, sondern nur mit Druck und Auflagen von außen versucht, sein Leben in den Griff zu bekommen. Bei meiner Auswertung der familiären Situation war mir klar, dass der Vater in diesem Prozess eigentlich eine wichtige Rolle spielen kann. Aber auch dem erneuten Versuch einer Annäherung von Vater und Sohn wollte sich der Vater nicht stellen.

Bei Familie B. ist das Bewusstsein gereift, dass eine Familientherapie dringend angesagt ist. Das zuständige Jugendamt ist unterrichtet, Nico hat sich selbstständig um eine neue Schule bemüht, Hilfe ist installiert. Momentan wird die Familie noch von einem Mitarbeiter meines Teams betreut, bis wir die Familie ruhigen Gewissens in eine Erziehungs- und Familienberatungsstelle begleiten können. Mit dem Kollegen findet wöchentlich ein Auswertungsgespräch statt, in dem es um die gemeinsame Gestaltung des Alltags geht und der damit verbundenen Einhaltung der Regeln, die wir zusammen aufgestellt haben. Darüber hinaus spricht er mit der Mutter und den Kindern über Fortschritte und Probleme des zurückliegenden Zeitraumes.

Es wird nach Lösungsmöglichkeiten und vorbeugenden Schritten gesucht. Für mich und mein Team hatte es den Anschein, als sei die Familie auf dem richtigen Weg. Doch das Leben lehrt uns oft etwas anderes.

>> Rückschläge gehören zum Tagesgeschäft

Während ich hier sitze und am Buch schreibe, ereilt mich die Hiobsbotschaft: Mein Kollege ist seit mehreren Stunden auf der Suche nach Nico. Nach unserer gemeinsamen Reise in den Schnee wohnte Nico wieder eine Zeit lang zu Hause. Es hatte den Anschein, als wären alle zu einem Neuanfang bereit. Nico versucht, sich an die Spielregeln zu halten, pünktlich nach Hause zu kommen und das begonnene Praktikum zu einem erfolgreichen Abschluss zu bringen. Schon nach drei Tagen geht er zwar pünktlich zum Praktikumsbeginn von zu Hause los, kommt aber dort nicht an. Wenn die Mutter ihn zu seiner Arbeit befragt, sagt Nico, es sei alles super. Erst nach einem Telefonat meines Kollegen mit der Praktikumsstelle, einer KFZ-Werkstatt, erfahren wir, dass Nico dort nicht mehr erscheint. Mein Kollege stellt Nico zur Rede und erfährt, dass Nico über lange Zeit schon ein Rückenleiden hat und deswegen auch beim Arzt war. Der Mutter gegenüber traut er sich nicht, das offen zu sagen.

Nun ist die Enttäuschung der Mutter allerdings noch größer, und Nico fühlt sich wieder ertappt. Sehr schnell resignieren alle und glauben nicht an eine Besserung der Situation. Für die Mutter wird noch einmal deutlich, dass die Kinder und sie durch einen Familientherapeuten begleitet werden müssen. Schneller als gedacht verfallen alle wieder in alte Verhaltensmuster. Die Mutter fragt nicht nach möglichen Ursachen des Fehlverhaltens, sondern überschüttet Nico mit Vorwürfen. Nico wiederum setzt sich nicht mit seiner Mutter auseinander und steht zu seinem Verhalten, sondern verlässt die Wohnung und taucht, wie so oft, unter. Als Konfliktbewältigungsstrategie, über viele Jahre verinnerlicht und konditioniert, ist dies sein Ausweg.

Sein Freundeskreis unterstützt ihn dabei, nicht zu Hause schlafen zu müssen. Es ist Sommer, und abwechselnd nächtigt er mal bei dem und mal bei einem anderen.

Ein maßgeschneidertes Therapieangebot für die Familie ist schwer zu installieren und braucht neben dem Beteiligungswillen aller seine Zeit. Auch wenn die Familie irgendwann gemeinsam zu den Gesprächen gehen wird, ist eine kurzfristige Besserung der Situation nicht zu erwarten und der gemeinsame Weg aus dieser Krise hin zu neuen Ufern ein sehr beschwerlicher.

Nico möchte seinen eigenen Weg gehen. Er will nicht mehr nach Hause zurück. In Kooperation mit dem zuständigen Jugendamt bekommt Familie B. die notwendige Unterstützung und Nico seinen Platz in einer betreuten Wohngemeinschaft. Und wenn die Zahnräder in der Jugendhilfestruktur passend ineinandergreifen und Nico seinen Anteil leistet, dann wird er auch wieder zur Schule gehen.

ZUSAMMENFASSUNG

Schon in den Interviews mit der Familie, die ich hier im Buch auswerte, ist mir deutlich geworden, dass der Prozess des Auseinanderlebens in der Familie bereits weit vorangeschritten ist. Ich habe versucht, dieses hier zu verdeutlichen. Der Wille und das Interesse an einem Zusammenleben sind aus meiner Sicht bei allen vorhanden. Es kostet aber Einsicht in begangene Fehler, sehr viel Energie zur Auseinandersetzung und Kraft, einen neuen Weg einzuschlagen. Ich wünsche der Familie, dass sie es schafft. Wir müssen aber immer auch mit Rückschlägen rechnen und auch mit ihnen umgehen lernen. In Zusammenhang mit Nicos Geschichte sind mir die folgenden Punkte von Bedeutung:

1. Krisen erkennen und Hilfe annehmen.

2. Kinder brauchen Erklärungen, denn diese helfen, sich nicht schuldig zu fühlen.

MEINE SICHT DER DINGE

1. Krisen erkennen

An dem Fall Nico B. wollte ich deutlich und sichtbar machen, dass es Situationen gibt, die alle Familienmitglieder überfordern. Es gibt Krisen in Familien, die nicht von innen heraus bewältigt werden können.

Ich wollte aber auch zeigen, dass Mutter und Sohn traurig über die momentane Lebenssituation sind. Sie sind beide an dem Punkt, etwas verändern zu wollen. Ihnen fehlt jemand, der sie dabei unterstützt, denn aus eigener Kraft sind sie nicht mehr in der Lage, das Ruder herumzureißen.

Hiermit möchte ich allen betroffenen Familien in solchen Krisensituationen Mut machen, sich Hilfe von außen zu holen. Wichtig dabei ist zu wissen, dass nicht unbedingt schon das erste Hilfsangebot auch hilfreich sein muss. Manchmal muss man zusammen als Familie suchen. Denn gerade bei Kriseninterventionen ist es wichtig, dass alle Vertrauen zur Person des Beraters haben. Alle Familienmitglieder müssen sich gleichermaßen verstanden und angenommen fühlen, damit sie die Hilfe und Unterstützung auch annehmen können. Schrecken Sie nicht davor zurück, die Beratungsstelle zu wechseln. Auch wenn Sie über »Hilfen zur Erziehung« einen Familienhelfer bekommen, heißt es nicht, dass Sie für immer an ihn gebunden sind, denn auch hier kann man nach einer neuen Lösung suchen.

Wichtig ist in jedem Fall, für die Kinder ansprechbar zu sein. Die weitere Gestaltung in der Trennungsphase und die Neugestaltung in der Dreierkonstellation müssen für die Kinder nachvollziehbar sein. Kinder spüren zwar, dass etwas in der Familie nicht stimmt, sie brauchen aber unsere Erklärung, um Zusammenhänge herstellen zu können und um sie zu verstehen. Beispielsweise sollten sie die Gründe erfahren, falls sie aus der gemeinsamen Wohnung der Familie ausziehen sollen. Sie fühlen sich womöglich in ihren Zimmern wohl und haben Spielfreunde in der Nachbarschaft – bisher ging ein Zusammenleben doch auch. Hier müssen wir als Vater oder Mutter mit Geduld und Einfühlungsvermögen den Kindern die Situation erklären und ihnen plausibel machen, dass die einzige sinnvolle Lösung für die Probleme in der Familie der Auszug ist. In solchen Phasen ist es außerdem wichtig, die Kinder einzubeziehen und ihren Gefühlen Gehör zu schenken. Derart extreme Krisensituationen nehmen Kinder wahr, sie ängstigen sie und machen sie unsicher. Für diese Emotionen brauchen sie ein Ventil.

2. Erklärungen entlasten

Die Statistiken heute zeigen auf, dass die Ursprungsfamilie, in der die Kinder mit den biologischen Eltern aufwachsen, nicht mehr das Leitbild der Gesellschaft ist. Es gibt in der Zwischenzeit zahlreiche Alternativen des Zusammenlebens von Erwachsenen und Kindern. Es muss nicht zwangsläufig nach der Trennung der Eltern zu so gravierenden Folgen wie in der oben beschriebenen Familiengeschichte kommen. Allerdings sollten alle Mitglieder der Gemeinschaft etwas dafür tun, den Schaden bei den Beteiligten so gering wie möglich zu halten. Die Mutter hat aus meiner Sicht die Situation verkannt. Kinder äußern nicht immer sofort, wie sie das Erlebte verarbeitet haben. Häufig finden die Traumata ihren Ausbruch erst in der Pubertät, und die Mütter und Väter können den Zusammenhang zur auslösenden Krise nicht mehr herstellen, da diese zeitlich weit in der Vergangenheit liegt.

Bei den ersten Anzeichen von Verweigerungshaltung sollten die Alarmglocken läuten. Im Falle dieser Familie hat die Verweigerung bei den Ritualen und Traditionen im Alltag der Familie begonnen, setzte sich in der Schule durch Schulverweigerung fort, bis die letzte Stufe, nämlich die Totalverweigerung durch Abhauen aus dem Familienverbund, erreicht ist. Die Mutter hat es nach eigener Aussage nur schwer verkraftet, dass ihre Ehe gescheitert ist. Sie konnte über dieses Gefühl mit niemandem reden. Aus ihrer Sicht wollte sie auch mit den Kindern nicht darüber sprechen, um sie nicht zu belasten. Meine Erfahrung ist, dass die Kinder sich selbst bei Trennungen belasten. Sie fragen sich, ob sie einen Anteil daran haben, ja sogar schuld daran sind, dass der Vater oder die Mutter geht. Wenn wir ihnen diese Last nicht nehmen, kann das Folgen bis ins hohe Alter haben.

Für Kinder ist es wichtig, dass man sie entlastet. Je nach Alter können Sie mit Ihren Jungen und Mädchen über die Ursachen der Trennung und über das, was jetzt auf alle zukommt, sprechen. Dabei ist es wichtig, bei sich zu bleiben. Was fühlen Sie, wie ist es aus Ihrer Sicht zur Trennung gekommen. Versichern Sie Ihren Kindern, dass sie als Kinder nichts damit zu tun haben. Eine einfache Erklärung der Mutter hätte aus meiner Sicht gereicht, für die Kinder das Handeln der Eltern nachvollziehbar zu machen. Die Kinder hätten verstanden, dass die Mutter sich um ihr Wohl, nämlich das der Kinder und ihr eigenes, Gedanken macht. Dem Vater gibt sie weiterhin die Möglichkeit, mit den Kindern Kontakt zu halten. Damit vermittelt die Mutter den Kindern, dass sie alles getan hat, was in ihrer Macht steht. Nun muss es der Vater aus eigener Kraft schaffen. Mit diesem Hintergrundwissen wäre für die Kinder die Situation geklärt gewesen. Sie hätten die Handlungen der Erwachsenen verstanden, ohne die Schuld bei sich selbst zu suchen. Machen Sie aber auch den anderen Partner nicht zum Sündenbock, selbst wenn die Verletzung unter Umständen tief sitzt. Für Kinder ist es wichtig, nach wie vor beide lieb haben zu dürfen. Es ist für Kinder eine unerträgliche Belastung, wenn sie ihre Zuneigung und Liebe dem Vater oder der Mutter gegenüber nicht mehr offen zeigen dürfen. Die Kinder haben am wenigsten Schuld, sind aber oft die Leidtragenden.

DER VERSUCH EINES FAZITS

Bestandsaufnahme meiner Arbeit

>> Ausgangssituationen in den Familien

Die Familien, die ich unterstützt habe, leben in allen Teilen der Republik, in Ost wie in West, in Nord wie in Süd. Erziehungsschwierigkeiten lassen sich nicht territorial begrenzen, machen vor keiner sozialen Schicht halt und sind nicht von historischen Ereignissen allein geprägt. In meiner Arbeit mit den Familien machte ich immer wieder die Erfahrung, dass Probleme mit den Kindern schon sehr früh auftraten. So zeigte sich bei Jenny bereits im Alter von etwa 13 Jahren abweichendes Verhalten, schon damals war sie das erste Mal angetrunken und kam nicht zu verabredeten Zeiten nach Hause. Cengiz war sogar erst fünf Jahre alt, als er alleine auf die nahe gelegenen Spielplätze ging, weil er es zu Hause nicht aushielt.

Die Kinder und Jugendlichen gehen nach draußen, weil sie daheim traumatische Ereignisse wie Gewaltattacken unter Alkoholeinfluss, Beschimpfungen und Beleidigungen der Eltern untereinander miterleben müssen. Sie versuchen anfänglich, mit den Umständen in ihren Familien fertig zu werden, vertuschen die Verhältnisse zu Hause oder suchen sich Ersatzbezugspersonen wie Großeltern, ältere Freunde oder Nachbarn, bei denen sie einen Großteil ihrer Freizeit verbringen, um nicht heimgehen zu müssen. Doch diese Ausweichmanöver lösen die eigentlichen Probleme nicht, unter denen die Kinder und Heranwachsenden leiden. Die Zustände in ihren Familien sind irgendwann so unerträglich, dass nur noch die Flucht eine Lösung darstellt. Bei allen Jugendlichen lag dieser Zeitpunkt in der pubertären Phase. Diese Kinder und Jugendlichen gehen als letzten Ausweg auf die Straße, weil sie den Stress, die Frustrationen, die Gewalt oder einfach nur die Vernachlässigung nicht mehr ertragen.

Sucht – für viele Familien ein Thema

Eine am häufigsten auftretende Problematik bei den von mir betreuten Familien ist die Alkoholsucht bei einem oder beiden Elternteilen. Die dadurch hervorgerufene Belastung für die gesamte Familie wird zum Beziehungskiller und zerstört den innerfamiliären Frieden. Es sind nicht nur die Gewaltattacken, die häufig damit einhergehen, es ist das Lügengeflecht, das sich um die Sucht herum aufbaut.

In Nicos Geschichte habe ich versucht, das Leben der Familie mit der Sucht zu beleuchten. Hier wird deutlich, dass die Mutter sehr lange nach außen hin das Bild der intakten Familie aufrechterhalten wollte. Auch die näheren Angehörigen wollten die Sucht nicht wahrhaben, bagatellisierten sie sogar. Die Mutter tat ihr Möglichstes, einen normalen Alltag mit den Kindern zu verleben, obwohl der Vater immer häufiger nicht mehr ansprechbar war, weil er nach der Arbeit seinen Rausch ausschlafen musste. Der soziale Abstieg war programmiert, weil kein Arbeitgeber auf Dauer einen unzuverlässigen Angestellten tolerieren kann. Die Mutter bemühte sich, das Problem von den Kindern fernzuhalten, doch sie waren längst schon Teil dieses Szenarios. Die Sucht des Vaters und das Leiden der Kinder stehen in direktem Zusammenhang, nur hat es jedes der Kinder anders verarbeitet. Heute wissen wir, dass Nicos Flucht als unmittelbare Folge des Verlusts der

Vaterfigur durch die alles überschattende Alkoholabhängigkeit zu sehen ist. Die damit einhergehende Unzuverlässigkeit des Vaters, als Bezugsperson für seine Kinder die Verantwortung in der Erziehung zu übernehmen, hat bei Nico Spuren hinterlassen. Der Jugendliche hat dieses Verhaltensmuster übernommen: Er taucht ab, wenn ihm etwas unbequem erscheint.

Die Konflikte zwischen den Eltern erlebten die Kinder Melina und Nico mit Angst und Schrecken. Eine in Ruhe geführte Diskussion mit einer Lösung oder einem Konsens gab es nie, stattdessen fand Nico als Lösungsmodelle einen sich in die Alkoholsucht flüchtenden Vater und eine verzweifelte, verängstigte, gedemütigte Mutter. Die Mutter hatte es lange Zeit als eigenes Versagen empfunden, die Ehe nicht gerettet haben zu können. Sie hatte angenommen, dass die Kinder für eine Erklärung zur Trennung der Eltern zu klein wären. Kinder haben aber ein Gespür dafür, wenn die Atmosphäre in der Familie angespannt ist, und brauchen eine Begründung für das Verhalten der Erwachsenen. Dies könnte sich aus der Sicht der Mutter folgendermaßen anhören: »Der Vater ist krank und will sich nicht helfen lassen. Ich habe alles versucht, was in meinen Kräften steht. Damit wir nicht alle Schaden nehmen, suche ich uns eine eigene Wohnung.« Diese Erklärung wäre ein möglicher Ansatz gewesen, den Kindern die Situation deutlich zu machen, sie zu entlasten und einen Ausweg aufzuzeigen.

>> Klare Regeln – die schwerste aller Aufgaben

Die schwierigste Hürde in der Erziehung unserer Kinder scheint aber zu sein, klare Regeln aufzustellen und diese auch einzuhalten. Von den ersten Entwicklungsmonaten an sind klare Regeln und Grenzen entscheidend für eine gelingende Erziehung. Aber die Durchsetzung erfordert viel Mühe, Durchhaltevermögen und Nerven wie Drahtseile. Denn wir alle haben auch mal einen schlechten Tag, fühlen uns ausgelaugt, müde und sind nicht imstande, eine Auseinandersetzung zu führen. In solchen Situationen werden wir schwach und erlauben Dinge, die wir nicht durchgehen lassen sollten. Das sind einmalige Momente, die verzeihlich sind. Wenn sie einmalig bleiben, fällt es auch nicht schwer, dem Kind bei nächster Gelegenheit zu sagen, dass man keinen guten Tag hatte und darum inkonsequent war. Wenn Eltern allerdings beständig die Regeln nicht einhalten, fehlt eine wichtige Komponente, an der sich Kinder orientieren können.

Die Familien, mit denen ich arbeite, erleben Krisensituationen über längere Zeiträume. Die Eltern sind schwerwiegenden Belastungen ausgesetzt, die jeden weiteren Konflikt zu einer Zerreißprobe machen. Aber das Einhalten von Regeln zieht häufig gerade bei Pubertierenden eine Auseinandersetzung mit den Eltern nach sich. Solche zusätzlichen Konfliktherde wie eine Diskussion um die Schlafenszeit am Abend stellen für diese Eltern einen Nebenschauplatz dar, den sie besser vermeiden möchten und durch den sie inkonsequent und angreifbar werden. Bei allen Familien führte dieses Defizit notwendiger Grenzen und Regeln zwangsläufig zu Fehlverhalten bei den Heranwachsenden. Dabei hat das Aufweichen einer Regel genauso verheerende Wirkungen wie das nicht Vorhandensein einer solchen. Klare Regeln in der Familie sind für mich eine der wichtigsten Komponenten in der Erziehung. Aus diesem Grund werde ich im Kapitel »So kann Erziehung gelingen« noch einmal darauf zurückkommen.

Wenn Streit aus dem Ruder gerät

Die Schwierigkeit, Konflikte auszutragen, ohne Verletzungen zu hinterlassen, trat bei allen von mir betreuten Familien auf. Ich habe bei meinen Gesprächen mit Eltern und Kindern immer wieder dieselben Muster vorgefunden: Prallen die unterschiedlichen Sichtweisen und Bedürfnisse aufeinander, ziehen sich die Kontrahenten entweder zurück, oder es kommt zur Eskalation. Streiten will gelernt sein und nimmt mit zunehmendem Alter der Kinder auch eine andere

Qualität an. Ist es im Kleinkindalter wichtig, kurze und präzise Regeln auszusprechen, gilt es im Teenageralter, die Heranwachsenden als Verhandlungspartner zu sehen.

Zeigen Sie sich verhandlungsbereit und machen Sie zugleich klare Zielvorstellungen deutlich. In Bodils Geschichte (siehe Seite 102) habe ich Vorschläge unterbreitet, wie sich eine Kultur des Streitens in der Familie entwickeln kann. Die Atmosphäre, in der eine kontroverse Diskussion in Gang kommen kann, ist immens wichtig. Sind alle schon erzürnt und auf »hundertachtzig«, kommt es häufig zu emotionalen Ausbrüchen und Verletzungen, die nichts mehr mit dem eigentlichen Streitgegenstand zu tun haben. Natürlich braucht man nicht für jede Meinungsverschiedenheit gleich einen Familienrat. Aber wenn Eltern merken, dass der Streit nicht durch eine nebenbei geführte Diskussion zu beheben ist, sollten sie eine gemeinsame, entspannte Familienrunde auf die Tagesordnung setzen. Hierfür ist es sinnvoll, ein Ritual zu entwickeln, das den anderen Familienmitgliedern deutlich macht: »Ich will die kontroverse Debatte nicht abwürgen, aber hier und jetzt kommen wir zu keinem Ergebnis. Lasst uns einen Treffpunkt vereinbaren.«

>> Abhauen oder gehen dürfen ist der große Unterschied

Kinder und Jugendliche brauchen Freiräume, um sich in ihnen ohne Aufsicht der Erwachsenen ausprobieren zu können. Es ist aber ein gravierender Unterschied, ob die Heranwachsenden mit dem Gefühl von Frustration, Verletzung, Demütigung und Unverständnis aus dem Haus gehen oder ob sie sich sicher und stark fühlen und ihre Erfahrungen außerhalb der Familie machen möchten. In letzterem Fall kann man Jugendliche nur ermutigen wie »Hänschen klein« in die Welt zu gehen, damit sie dort ihre Kräfte und Fähigkeiten erproben. Mit dem Wissen, immer wieder heimkehren zu können, machen sie sich selbstständig auf den Weg, eigene Entscheidungen zu treffen, neue Erkenntnisse zu sammeln und sich mit anderen zu messen. Ist die Experimentierphase vorbei, können sie sich immer dem sicheren Hafen der Familie zuwenden und wieder nach Hause steuern. Auch wenn es nicht so gelaufen ist, wie sie es sich erhofft hatten, das Elternhaus aber als sichere Bank gesetzt ist, haben sie den Rückhalt daheim, aus dem sie dann neue Kraft schöpfen können. Sie dürfen sich dessen sicher sein, dass Fehler dazu da sind, sie zu machen und daraus zu lernen. Die Liebe und das Vertrauen der Eltern ist ihnen unter allen Umständen gewiss.

Diejenigen Jugendlichen, die es von zu Hause wegtreibt, weil keine sicheren Bindungen vorhanden sind, Krisen an der Tagesordnung stehen und Auseinandersetzungen täglich stattfinden, brauchen eigentlich etwas ganz anderes als das, was sie auf der Straße finden. Sie wählen diesen rauen Ort als Zuflucht, obwohl sie eigentlich behütet und beschützt werden müssten. Schon nach etwa drei Wochen ohne Dach über dem Kopf ist der Grad der Verwahrlosung bei den Jugendlichen so gravierend, dass eine Rückkehr in das zivile Leben großer Anstrengung bedarf. Mit Verwahrlosung meine ich den Verlust, Regeln annehmen zu können, Grenzen zu akzeptieren und ein Unrechtsbewusstsein zu haben. Die meisten Jugendlichen fahren beispielsweise ohne Ticket mit öffentlichen Verkehrsmitteln oder der Bahn mit dem vollen Bewusstsein, eine strafbare Handlung zu begehen. Die Rechtsverletzung ist ihnen völlig egal, auch die Konsequenzen sind für sie weit weg. Es ist ihnen nicht mehr unangenehm, erwischt zu werden und sich registrieren lassen zu müssen. Das Eigentum anderer wird missachtet und für die eigenen Bedürfnisse genutzt. Ich könnte hier noch viele Folgen aufzählen, wie das Leben auf der Straße Jugendliche verändern kann. Mir geht es darum, dass Eltern möglichst frühzeitig Warnsignale wahrnehmen und dass sie, wenn sie sich überfordert fühlen, mögliche Hilfsangebote annehmen.

STRATEGIEN ENTWICKELN

Die Zusammenarbeit beginnt

>> Erste Schritte der Eltern aus der Isolation

Wenn Vater oder Mutter keinen Ausweg mehr wissen, die Kinder häufig schon von zu Hause weggelaufen sind, werde ich zu Hilfe gerufen. Viele der Familien, mit denen ich gearbeitet habe, hatten nicht den Mut, sich schon bei ersten auftretenden Erziehungsschwierigkeiten an Außenstehende wie das Jugendamt, die Erziehungs- und Familienberatungsstellen oder andere Träger der Jugendhilfe zu wenden und um Unterstützung zu bitten. Zu groß waren oft die Scham und das Gefühl der Eltern versagt zu haben. Erst wenn nichts mehr geht, wenn die Kinder weg sind und die Sorge um sie zu groß ist, suchen die Eltern nach Möglichkeiten, wie sie den Kontakt zu ihren Kindern wiederherstellen können. Häufig gibt es noch ein dünnes Band der Kommunikation, weil die Jugendlichen ab und zu nach Hause kommen, um sich zu waschen, eine richtige Mahlzeit einnehmen wollen oder weil das Geld alle ist. Der Kontakt wird aber von den Kindern meist sehr schnell komplett abgebrochen, wenn Eltern zu massiv Forderungen an sie stellen oder den gewählten Lebensstil von Tochter oder Sohn kritisieren.

Kommt es zu einem Kontaktabbruch durch die Heranwachsenden, sind die Eltern häufig verzweifelt und suchen nach Hilfe. In diesen

Momenten völliger Hoffnungslosigkeit fällt es dann einigen Eltern leichter, sich an einen Streetworker ode rCoach wie mich zu wenden, als ein Amt um Hilfe zu bitten, obwohl auch dort professionelle Hilfe angeboten wird.

<<

Zusammenarbeit zwischen Familie und Coach/Streetworker

Schon im ersten Gespräch versuche ich den Eltern die Hemmungen zu nehmen, offen mit mir darüber zu reden, was in der Familie vorgefallen ist, was der Auslöser für das Weglaufen gewesen sein kann. Ich bringe ihnen Verständnis entgegen und gebe ihnen das Gefühl, dass sie keine »Rabeneltern« sind, sondern dass es durchaus ein immer häufiger anzutreffendes Phänomen bei Jugendlichen ist, einen so radikalen Schnitt zu machen und der Familie den Rücken zu kehren. Viele Eltern erfahren erst durch den persönlichen Kontakt mit mir, welche Hilfsmöglichkeiten für die Jugendlichen und für sie selbst bestehen. Oft haben sie bis zu diesem Zeitpunkt weder Beratungsstellen noch das Jugendamt kontaktiert. Diese Anlaufstellen sind aber auch in meiner Arbeit äußerst wichtig, und zwar als Kooperationspartner und Erbringer von Leistungen. Wenn für Eltern und Kinder das Leben unter einem Dach nicht mehr möglich ist, muss nach Alternativen gesucht werden. Dabei ist die Unterstützung durch die Jugendämter unumgänglich. Damit meine Hilfe ein erfolgreiches Ende findet, wird eine Kooperation zwischen dem Jugendamt – bei jungen Erwachsenen auch zwischen dem Arbeitsamt –, den Eltern und dem Jugendlichen selbst von mir angeregt und die Kontakte hergestellt.

Bei meinem ersten Zusammentreffen mit den Eltern und anderen Familienangehörigen möchte ich mir ein Bild der vorangegangenen Konfliktsituationen aus Sicht der Eltern und Geschwister machen. Ich bekomme den Auftrag von den Eltern, Kontakt zum Jugendlichen aufzunehmen. Wenn ich den Heranwachsenden gefunden habe und

Coaching – mit einander reden und neue Sichtweisen eröffnen

er bereit ist, mit mir zu sprechen, lasse ich mir seine Sichtweise der bisherigen Vorkommnisse in der Familie schildern. Aus den Berichten der Eltern und ihrer Kinder versuche ich nachzuvollziehen, was in der Familie passiert ist und aus welchen Gründen die Situation so eskalieren konnte. Ziel ist es natürlich in erster Linie, das Kind wieder von der Straße zu holen und die Situation so zu klären, dass ein Miteinander erneut möglich ist. In vielen Fällen haben es die Kinder und deren Eltern schon lange nicht mehr geschafft, sich an einen Tisch zu setzen und in Ruhe miteinander zu reden. Deshalb ist es oft meine erste Aufgabe, ein gemeinsames Gespräch zu moderieren, bei dem beide Seiten einander zuhören, ausreden lassen und sich nicht ins Wort fallen. Ganz häufig bekomme ich die Rückmeldung, dass alle Beteiligten erleichtert über dieses gemeinsame Gespräch sind, bei dem niemand ausgerastet oder abgehauen ist. Alle, Erwachsene wie Kinder, haben es verlernt oder noch nie gelernt, wie es ist, einen Konflikt konstruktiv auszutragen. Die Gespräche in der Vergangenheit waren geprägt durch gegenseitige Verletzungen, Beschimpfungen und Vorwürfe. Diese Muster sind über einen langen Zeitraum verfestigt und lassen sich nicht durch ein einzelnes Zusammentreffen verändern.

Zurückkommen heißt nicht immer zu den Eltern heimkehren

Bei allen Klärungsversuchen der bisherigen Familienmisere in den moderierten Gesprächen und bei manch entspanntem Wiederanbahnens von Beziehungen steht der Rückweg der Kinder in die Familie als Lösung nicht automatisch fest. So widersprüchlich es sich anhört, aber für viele ist die Trennung die einzige Möglichkeit, sich einander wieder näherzukommen.

Nehmen wir das Beispiel Bodil. Nach den Umwegen Köln, Gießen und Wesseling wohnt sie heute mit ihrem Sohn in Berlin mit direkter Busverbindung nach Großbeeren zu dem Wohnhaus ihrer Familie. Bodil brauchte diesen »Ausflug«, um eine Distanz zwischen sich und den Eltern zu schaffen. Eine Rückkehr in das elterliche kommt für sie nicht in Frage. Diese Enge der Vorstadt würde sie kein weiteres Mal ertragen. Bodil zieht aber in die Nähe und besucht regelmäßig mit ihrem Sohn die Familie.

DER KAMPF DER GENERATIONEN

Ein zeitloses Thema

Alle Jugendlichen, mit denen ich für das Fernsehen bisher arbeitete, erlebten in ihren Familien mehrere Risikofaktoren, die eine ausgeglichene Entwicklung erschwert haben. Neben diesen außergewöhnlichen Zuständen haben diese Kinder aber auch noch die ganz normalen Anforderungen zu verkraften, die an Heranwachsende in einer Leistungsgesellschaft wie unserer gestellt werden.

>> Pubertät – Zerreißprobe für die gesamte Familie

Das, was diese Kinder mit anderen Jungen und Mädchen gemeinsam haben, ist der ganz normale Wahnsinn: die Pubertät mit all ihren Tücken, Klippen, Gräben, Ängsten, Wutausbrüchen oder Freudentränen. In keiner Phase der menschlichen Entwicklung erleben sie so ein Wellental der Gefühle wie in dieser Zeit. Gerade jetzt scheinen die Herausforderungen an Eltern und Kinder kein Ende nehmen zu wollen. Alle haben das Gefühl, dass der Alltag und auch die Wochenenden erfüllt sind mit nicht enden wollenden Kämpfen, Auseinandersetzungen, Disputen und wilden Diskussionen. Die Heranwachsenden wollen sich selber finden, sich von ihren Eltern abgrenzen, ihre Persönlichkeit austesten. Werden sie auf diese Phase in den ersten

Entwicklungsjahren nicht vorbereitet und ist das Klima in der Familie nicht dazu angetan, Fähigkeiten wie Durchsetzungsvermögen, Ausdauer, Disziplin, Einfühlungsvermögen und vieles mehr zu erwerben, sind Probleme in der weiteren Entwicklung programmiert.

Ausgerechnet in dieser Zeit der persönlichen Testphase werden junge Menschen auch noch mit den vielen Anforderungen von außen konfrontiert und stehen oft unter einem hohen Erfolgsdruck – sowohl im privaten als auch im gesellschaftlichen Rahmen. Für die Schule sollen sie immer konzentriert sein, für Arbeiten und Klausuren lernen, Referate und Vorträge nach den neuesten technischen Standards vorbereiten, Bestnoten für einen guten Schulabschluss erkämpfen, sich für die richtige Schullaufbahn, für eine Berufsausbildung oder ein Studium, für oder gegen ein Auslandsschuljahr entscheiden. Der Arbeitsmarkt, auf dem sich die Jugendlichen heute beweisen müssen, selektiert stark. Neben guten Noten sind auch Eigenschaften wie Teamfähigkeit, Kooperationsbereitschaft, Flexibilität und eine gute Selbstpräsentation in hohem Maße gefragt. Eltern sorgen sich selbstverständlich um die Zukunft ihrer Kinder und wissen, worauf es beim Bewerben auf einen Ausbildungs- oder Studienplatz ankommt. Aus diesem Grund versuchen sie ihren Kindern immer wieder klarzumachen, welchen Stellenwert ein guter Schulabschluss hat.

Die Heranwachsenden richten ihren Fokus aber egozentrisch auf ihr persönliches Glück. Sie sind erfüllt davon, Anerkennung von den Freunden aus der Clique zu erhalten. Nicht zuletzt machen sie sich auf die Suche nach dem Partner, für den sie etwas ganz Besonderes darstellen. Dieser Konflikt, einerseits auf der Suche nach seinem persönlichen Glück und der Anerkennung unter Gleichaltrigen zu sein und trotzdem die Anforderungen von anderen aus ihrer Umwelt zu erfüllen, stellt an Jugendliche in der Pubertät enorme Ansprüche. Auch wenn es oft nicht den Anschein hat, so brauchen unsere Kinder uns gerade jetzt mehr denn je. Wie gestärkt Heranwachsende in diese Phase ihrer Entwicklung gehen, hängt maßgeblich von den Bedingungen in der Familie ab, vom Engagement der Eltern, von der emotionalen Geborgenheit, vom Rückhalt, den die Eltern ihren Kindern geben und grundsätzlich von der Atmosphäre, die das Kind umgibt. Bei allen Jugendlichen, mit denen ich arbeite und gearbeitet habe, begann der Bruch mit dem Elternhaus genau an der Schwelle zwischen Kindheit und Erwachsenwerden. Gerade in dieser Zeit, in der die Jugendlichen nach Orientierung suchen, ihre Individualität entfalten wollen und in die Erwachsenenwelt aufgenommen werden möchten, brauchen sie eine Heimat, in der sie sich sicher, geborgen und verstanden fühlen.

>> Reibung erzeugt Wärme – warum Eltern Widerstand bieten müssen

In der Pubertät ist es den Heranwachsenden wichtig, dass sie eigene Entscheidungen treffen und individuelle Wege gehen können. Wenn sie keine sichere Basis haben, von der aus sie ihre Erkundungstouren starten können, sind sie unsicher, leicht zu verleiten und wünschen sich Orientierung außerhalb der Familie. Auf der Suche nach einer Identität, einem Anhaltspunkt für ihre Gefühle, ihren Stil, für Werte und Normen schließen sie sich Cliquen oder Gruppierungen an, deren Einfluss sehr stark sein kann. Der Sog wird immer größer, und das Gemeinschafts- und Zugehörigkeitsgefühl hat eine immense Anziehungskraft. Heranwachsende können dieser Beeinflussung durch Cliquen oder Gruppen nur schwer widerstehen.

Wenn diese jungen Menschen dazu noch ihre häusliche Atmosphäre als unsicher und bedrohlich wahrnehmen, wenden sie sich der Gemeinschaft Gleichaltriger gänzlich zu und schließen sich ihnen bedenkenlos an. Eltern haben dieser Einflussnahme oft nichts entgegenzusetzen. Im extremsten Fall wenden sich die Heranwachsenden vollständig ab und gehen den radikalsten Weg. Sie brechen die Kontakte zu Freunden und der Familie ab, verweigern den Schulbesuch, verzichten auf Sicherheit und Komfort und leben unter Brücken, in Bahnschächten oder bei Zufallsbekanntschaften. Zu der fehlenden Orientierung im Elternhaus kommt bei diesen Jugendlichen oft noch hinzu, dass sie die ständigen Demütigungen, Verletzungen und Zurückweisungen, die sie von denen erfahren haben, die sie lieben, nicht mehr ertragen. Was aber ist nun die magische Formel, aus der gesunde, starke, selbstbewusste, intelligente Kinder erwachsen können?

Für mich sind es die emotionale Zuwendung mit allen Facetten und Bestandteilen, klare Regeln und Grenzen als Orientierung und Hilfestellung und als Letztes die Mitbestimmung zum Ausloten der eigenen Kräfte und zur Mitwirkung im Familienverbund. Diese Begriffe möchten ich nun näher illustrieren, um sie Eltern zur Hilfestellung in ihrem Erziehungsprozess nahezubringen.

SO KANN ERZIEHUNG GELINGEN

Emotionale Zuwendung, Grenzsetzung und Mitbestimmung als wichtigste Faktoren

>> Emotionale Zuwendung – Grundbedürfnis aller Menschen

Was ist emotionale Zuwendung?
Neben so naheliegenden Bestandteilen wie Geborgenheit, Nähe und Wärme umfasst emotionale Zuwendung auch unsere Wertschätzung und Verlässlichkeit, unser Vertrauen und die Anerkennung dem Kind gegenüber. In jedem Alter ist emotionale Zuwendung ein Grundbedürfnis der Menschen. Kinder und Jugendliche brauchen Achtung, Liebe, Zärtlichkeit, Geborgenheit, körperliche Wärme und Nähe für ein gesundes Wachstum der psychischen und physischen Kräfte. Schon Babys können nur gedeihen, wenn außer den Grundbedürfnissen wie Nahrungsaufnahme, Hygiene und Schlaf zwischen Eltern und Kind viel Körper- und Sichtkontakt besteht, zusammen gesungen und gesprochen wird und Zeit für gemeinsame Aktivitäten vorhanden ist. Bereits

im Kleinkindalter können Mädchen und Jungen sehr genau zeigen, wann sie schmusen wollen und wann ihr Bedürfnis nach Nähe und Geborgenheit gestillt ist.

Kinder brauchen Rituale in der Familie, die sie Geborgenheit, Fürsorge und körperliche Nähe spüren lassen. Hier reicht die Palette vom morgendlichen Kraulen des Rückens für den kleinen Morgenmuffel über das gemütliche Kuscheln bei der abendlichen Gute-Nacht-Geschichte bis hin zum gemeinsamen Sonntagsfrühstück aller Familienangehörigen.

Neben diesem Urbedürfnis nach Anlehnung, Nähe und Wärme benötigen Kinder auch die Anerkennung und Bewunderung ihrer Ideen, Leistungen, Aufgabenerfüllungen und vielem mehr. Abgesehen von den schulischen Leistungen, die vielen Eltern sehr wichtig sind, geht es hier aber auch um das kleine Lob zwischendurch für all das, was Kinder in der Familie leisten. Ob es die täglichen Pflichten sind wie das Leeren des Mülleimers oder der selbstgebackene Kuchen für den Geburtstag, Kinder brauchen unsere Wertschätzung und Zustimmung für das, was sie zum Zusammenleben beisteuern. Dabei spielen angemessene Belohnungen auch eine wesentliche Rolle und können motivieren. Für die täglichen Pflichten im Haushalt kann beispielsweise ein Plan geführt werden. Wenn am Abend die Aufgabe erledigt ist, kann man dort einen kleinen »Smiley« hinter den Namen desjenigen machen, der sie übernommen hat. Am Ende der Woche wartet auf das Kind, das alle Tage fleißig war, ein gemeinsamer Eisdielenbesuch.

Besonders bei den schulischen Leistungen haben Eltern oft höchste Ansprüche an ihre Schützlinge, wissen sie doch, wie wichtig Zeugnisse für die weiterführende Schule oder später für den Erfolg bei der Ausbildungsplatzsuche oder im Studium sind. Zu hochgesteckte Erwartungen, die sich nicht am tatsächlichen Leistungsvermögen der Kinder orientieren, können genau das Gegenteil beim Nachwuchs auslösen. Die Kinder nehmen wahr, dass sie dem, was die Eltern von ihnen erwarten, nicht gewachsen sind und resignieren. Sie fühlen sich ständig in der Rolle des Versagers. Das führt schlussendlich dazu, dass das Kind aufgibt und sich verweigert. Motivieren können wir Kinder, indem wir ihnen das, was sie gut können, auch rückmelden. Wenn unter den vielen positiven Rückmeldungen auch eine kritische ist und die Eltern den Mädchen und Jungen die Unterstützung beim Üben oder Trainieren für das, was sie noch nicht können, zusagen, werden Kinder sich dieser Herausforderung stellen. Besonders wichtig ist hierbei auch, dass sich Eltern immer über den aktuellen Stand der schulischen Aufgaben informieren. Nichts ist schlimmer, als wenn der Berg an Wissenslücken stetig anwächst und unüberschaubar wird. Eine tägliche Kontrolle der Hausaufgaben oder ein gemeinsames Anfertigen dieser, die Durchsicht des Hausaufgabenheftes und das Lesen geschriebener Arbeiten und Klausuren signalisiert das Interesse der Eltern an den zahlreichen schulischen Situationen, die das Kind zu bewältigen hat. Diese Anteilnahme verschafft Eltern einerseits einen Überblick, wie das Kind den Anforderungen der Schule gewachsen ist, vermittelt diesem außerdem: Meine Eltern haben Interesse an mir und meiner Arbeit, die ich tagtäglich leiste.

Dieser Glaube an die Kräfte des Kindes bringt ihm die Sicherheit, sich hinauszuwagen und eigene Erfahrungen zu machen. Das macht Kinder stark für all die Herausforderungen, die auf sie zukommen. Ausgestattet mit der richtigen Portion Selbstbewusstsein sind sie in der Lage, solche kleinen »Prüfungen« anzunehmen wie der selbstständige Weg zur Schule, die Schwimmprüfung für das Seepferdchen oder das erste Vorstellungsgespräch für einen Praktikumsplatz. Auch bei Misserfolgen können die jungen Menschen darauf vertrauen, dass sie immer wieder zurückkommen dürfen zu denjenigen, die sie lieben und wertschätzen. In einer liebevollen Atmosphäre dürfen Heranwachsende experimentieren, können sie Erfahrungen sammeln und auch Fehler machen. Sie sind sich sicher, dass sie dafür nicht verurteilt, bestraft oder gar ignoriert werden.

Rituale geben Sicherheit – auch beim Erwachsenwerden

Im Jugendalter erwächst bei Eltern oft der Eindruck, ihren Kindern ist es peinlich, einen Kuss zu bekommen oder in den Arm genommen zu werden. Trotzdem brauchen Jugendliche gerade in der Pubertät, in dieser Zeit der Selbstzweifel und Sinnsuche bei unseren Jungen und Mädchen, noch immer die emotionale Zuwendung ihrer Eltern, ihre Zuneigung, ihr Verständnis und ihre Liebe. Rituale wie kuschelig unter der Decke ein Buch lesen werden beispielsweise abgelöst durch ein gemeinsames Kaffeetrinken am Nachmittag, bei dem die Geschehnisse in der Schule, mit den Freunden oder in der Familie ausgetauscht werden können. Auch gemeinschaftliches »Lümmeln« auf der Couch und dabei ein Lieblingsvideo gucken, kann ein Gefühl von Nähe entstehen lassen. In einer solch entspannten Atmosphäre lassen sich Dinge ansprechen, die nicht zwischen Tür und Angel zu klären sind.

Von ganz früher Kindheit an ist eine gemeinsame Mahlzeit am Tag die Möglichkeit und das Ritual, welches allen Familienmitgliedern die Chance gibt, zu Wort zu kommen und gesehen zu werden. Leider ist es eine verbreitete Unsitte, dass in vielen Familien beim Abendbrot der Fernseher läuft. Fernsehen hat eine Sogwirkung und bindet häufig die Sinne unserer Kinder. Das Fernsehgerät zugunsten eines gemeinsamen Gesprächs bitte ausmachen oder zumindest stumm schalten! Die gemeinsame Mahlzeit bietet so viel an Kooperation, Kommunikation und einfach Genuss und Spaß. Wenn zudem vorher gekocht wird, lässt es sich in der Küche gemeinsam hantieren und schon mal »warmquatschen«. Wie ist jeder glücklich, wenn reihum das Lieblingsessen eines jeden gekocht wird. Auch die Ästhetik kann hier praktisch erprobt werden: Tischdekorationen, Serviettentechnik, Gläser- und Besteckfolgen lassen der Kreativität breiten Raum. Dieses Ritual ermöglicht es jedem in der Familie, sich für die Gemeinschaft zu engagieren. Es schafft eine Atmosphäre, in der sich alle wohlfühlen können, und es bietet Raum, Vorhaben, Erlebnisse, Probleme oder anstehende Entscheidungen anzusprechen.

>> Das Interesse am Freundeskreis – Anteilnahme ohne Bevormundung

Eltern sollten nach wie vor auch ein Interesse am Freundeskreis, an den Lieblingssportarten oder der angesagten Band ihrer Kinder haben. Zwar signalisieren Heranwachsende in der Pubertät gern, dass sie nicht kontrolliert werden wollen und ihre eigenen Entscheidungen treffen möchten. Aber sie würden es genauso kritisieren, wenn ihre Eltern ein Desinteresse an den Sorgen, Wünschen, Bedürfnissen und Herausforderungen hätten. Das ist die Gratwanderung, auf der Eltern sich befinden. Sie sollen den Kindern Verständnis, Rücksicht und Anteilnahme entgegenbringen, ohne dass es als Einmischung, Bevormundung oder Zurechtweisung wahrgenommen wird. Neben den Streicheleinheiten, die Heranwachsende auch im Jugendalter immer noch brauchen, ist also in dieser Phase genauso wichtig, ihnen die Rückmeldung zu geben, dass Sie sich als Eltern für alle Belange des Lebens weiterhin interessieren, auch wenn Sie an die Selbstständigkeit und Autonomie der eigenen Kinder glauben.

Aus diesem Grund ist es von Bedeutung, Gesprächsanlässe und Möglichkeiten zu finden, um das Vertrauensverhältnis zwischen Eltern und Kind immer wieder aufs Neue zu pflegen.

In diesen Gesprächen erfahren Eltern:
>> Mit wem ist mein Kind in seiner Freizeit zusammen?
>> Was unternehmen die Jugendlichen in ihrer Freizeit?
>> Wo halten sie sich auf?
>> Welche Aktivitäten plant die Gruppe, mit der sich mein Kind umgibt?

Gerade im Jugendalter und auch, wenn sich der Freundeskreis häufig ändert, sollten Eltern einen persönlichen Kontakt zu den Freunden des Kindes pflegen. Beliebt ist dabei, gegenseitig beieinander zu übernachten. Gemeinsames Pizzabacken kann an solchen Abenden beispielsweise Anlass sein, die Freunde besser kennenzulernen. Auch die für einen solchen Abend notwendigen Absprachen mit den Müttern oder Vätern der Freunde gibt die Möglichkeit zum Erfahrungsaustausch mit anderen Eltern.

Starke Einflüsse von außen

Für Eltern wird das Loslassen zusätzlich erschwert, weil sie mit Ängsten zu kämpfen haben, die von äußeren Einflüssen an sie herangetragen werden. Durch die Medien bestens informiert, wissen Eltern, welche Gefahren in der Gesellschaft auf ihre Kinder lauern. Vom unkontrollierten Konsum aller möglichen Drogen, die den jungen Menschen heimlich untergeschmuggelt werden, über Einflüsse von Glaubensgemeinschaften, die penetrant nach Nachwuchs suchen, bis hin zur verheerenden Wirkung des Internets sind Heranwachsende heute vielen Gefahren ausgesetzt. Das verunsichert Eltern in höchstem Maße. Sie gehören nicht zu der Generation, die mit diesen Einflüssen aufgewachsen ist. Die Medien sind heute ständig auf der Suche nach der brisantesten Schlagzeile und dem dramatischsten Bericht. Selbst wenn wir uns diesen Informationsquellen entziehen, so bleibt bei Eltern, die Verantwortung für ihre Kinder tragen, trotzdem eine beträchtliche Unsicherheit und Angst zurück.

Es hört sich sehr simpel an, aber auch die Versuchung des Drogenkonsums oder das Interesse an einer Sekte fängt mit der Frage nach dem Selbstwertgefühl an. Kann mein Kind widerstehen oder nicht, ist die alles entscheidende Frage. Jugendliche, die regelmäßig Drogen konsumieren, müssen damit etwas »wegdrücken«, sie fliehen vor der unangenehmen Realität. Kinder, die sich dogmatischen Glaubensrichtungen anschließen, suchen eine Autorität, die ihnen den richtigen

Weg weist, und wünschen sich klare Regeln, denen sie sich widerspruchslos unterordnen wollen.

Der Schulwechsel – eine Bewährungsprobe besonderer Güte

Gerade im Übergang zu einer weiterführenden Schule denken viele Eltern, dass jetzt der Punkt erreicht sei, an dem die Kinder keine Unterstützung und Kontrolle mehr benötigen. Aber auch diese Eigenverantwortung muss langsam und stetig wachsen. Beim Wechsel in eine neue Schulform verlieren Kinder leicht die Orientierung und sind mit unbekannten Herausforderungen konfrontiert, denen sie sich stellen müssen. Da geht schon mal der Überblick verloren.
Eltern sollten jede Gelegenheit wahrnehmen, die sich ihnen bietet, und an den Elternsprechtagen und Elternversammlungen den Kontakt zu den Lehrern suchen. Auf diese Weise erfahren sie aus einer zusätzlichen Quelle, wie ihr Kind den Übergang von einer Schule zur anderen verkraftet hat und welche Schwierigkeiten die Pädagogen sehen. Mit diesem Hintergrundwissen und durch die Erzählungen der Kinder eröffnet sich ein Bild über die aktuelle Situation. Bei auftretenden Schwierigkeiten lässt sich daraus eine Strategie entwickeln, wie die Kinder – unterstützt durch ihre Eltern – die bevorstehenden Aufgaben bewältigen können. Ziel ist natürlich auch hier, die Basis dafür zu schaffen, dass Kinder zunehmend selbstständiger werden und mehr und mehr eigenständig arbeiten. Bei diesem Prozess sind Kinder auf die Hilfe ihrer Eltern angewiesen.

>> Klare Regeln und Grenzen – Rahmen für Orientierung und Gefahrenschutz

Grenzen und Regeln sind für Kinder wie ein abgesteckter Raum, in dem sie sich bewegen können. Sie geben ihnen Sicherheit, Orientierung und Halt und ermöglichen es ihnen, in diesem Rahmen ihre Erfahrungen sammeln zu können, ohne eine Gefahr einzugehen. Ist es bei Kleinkindern ein klares Nein, weil sie die Probleme noch nicht einzuschätzen vermögen, kann bei Vorschulkindern schon in gewissem Rahmen ein Urteilsvermögen vorausgesetzt werden. Ihr Kind kann in dem Alter schon selbst eine Einschätzung geben, ob es sich die gestellte Aufgabe oder Sache zutraut. So manches Mal sind wir ängstlich und müssen uns überwinden, den Kindern den Freiraum zu lassen. Oft trauen wir ihnen einfach nicht genug zu. Wenn Kinder selbst einschätzen, der Herausforderung gerecht zu werden, Eltern sich aber unsicher sind, sollten sie es sich von den Kindern zeigen lassen. Bringen Sie ihnen Schritt für Schritt Vertrauen entgegen. Wenn Ihr Kind beispielsweise morgens partout allein Brötchen holen möchte, kann man den Weg zunächst gemeinsam mit dem Kind abgehen. Als nächsten Schritt begleitet ein Elternteil den kleinen Brötchenholer nur noch eine Teilstrecke. Am Ende müssen Eltern es aushalten, das Kind allein gehen zu lassen. Es bedarf natürlich der Einschätzung der Eltern, wann der nächste Schritt in die Selbstständigkeit gegangen werden kann.

Mit zunehmendem Alter werden die Verhandelbarkeit von Regeln und der Spielraum für eigene Erfahrungen größer. Die Vereinbarungen werden gemeinsam mit den Heranwachsenden ausgelotet und angepasst. Das bedarf aber gemeinsamer Absprachen, damit sich alle Familienmitglieder mit den Regeln wohlfühlen und sich daran halten. Rituale sind an dieser Stelle eine gute Methode. Solche Bräuche, die ich bereits in Bodils Geschichte (siehe Seite 102) angesprochen habe, können feste Termine wie ein »Familienrat« sein, aber auch flexible Lösungen wie eine Pinnwand sind möglich, an der man einen Wunsch formuliert und ihnen damit allen kundtut. Die grundlegende Bedingung aber bei Regeln ist, dass sie eingehalten und von allen akzeptiert werden müssen. Regeln bedeuten Zuverlässigkeit, strukturieren den Alltag, verschaffen Freiräume und vermitteln Sicherheit.

>> Durchhalten lohnt sich – wenn Regeln selbstverständlich werden

Regeln durchzusetzen und zu befolgen setzt ein gewaltiges Maß an Nervenstärke und Durchhaltevermögen voraus. Wer kennt nicht die folgende Situation: Eltern streiten sich über eine Belanglosigkeit, beide sind verärgert und aufgebracht. In dieser angespannten Atmosphäre quengelt das Kind, weil es noch länger am Computer spielen will. Eigentlich war eine halbe Stunde am Rechner ausgemacht, danach gibt es Abendbrot. Beide Eltern, bereits genug beschäftigt mit ihrem Streit untereinander, haben keine Nerven für eine zusätzliche Diskussion mit dem Kind und geben nach. Schon ist die Regel, einmal gebrochen, hinfällig. Es ist nur allzu verzeihlich und menschlich, dass man nach einem völlig schiefgelaufenen Tag jede weitere Auseinandersetzung in der Familie oder ein Kräftemessen mit den Kindern lieber vermeiden möchte. Die Sehnsucht nach Harmonie und Frieden ist in dieser Situation nur zu verständlich.

Von großer Bedeutung für Kinder ist aber, dass sie sich auf die Regeln in der Familie einstellen können. Regeln müssen zuverlässig sein und sollten sich nicht täglich ändern. Eltern dürfen heute nicht erlauben, was morgen dann schon verboten ist. Dabei verlieren Kinder die Orientierung und wissen nicht mehr, wie sie sich verhalten sollen, was richtig und was falsch ist. Neben dieser Sicherheit durch festgelegte Regeln, die in der Familie Bestand haben, gibt es aber auch den Freiraum für Diskussionen.

Verhandlungsgeschick will gelernt sein

Kinder lieben es, mit Geld umzugehen, wie sie es auch bei Erwachsenen sehen. Für Kinder kann es ein Taschengeld geben. Die Regel ist hierbei, dass die Eltern die Höhe und den Zeitraum festlegen, wie viel Geld es wann gibt. Das Kind hat dann den Freiraum, für sich zu entscheiden, wofür es das Geld ausgibt oder ob es die Summe lieber anspart. Mit zunehmendem Alter wird sich der Taschengeldbetrag sicher verändern und verständlicherweise ändern sich auch die Wünsche, die man sich mit dem Geld erfüllen kann. Ihr Erfahrungshorizont erweitert sich mit zunehmendem Alter. Je älter die Kinder werden, umso mehr begreifen und erkennen sie, wie Geld angelegt, eingesetzt, gespart oder bar ausgegeben werden kann. So ändern sich auch die Überlegungen, was sie mit dem eigenen Geld anfangen können. Sie planen Perspektiven und überlegen, wie sie das Geld sinnvoll verwenden können. Hier werden Eltern sicher wieder als Berater hinzugezogen, es zählen ihre Erfahrungen und Ratschläge.

Eine beliebte Diskussion entbrennt im Jugendalter häufig um die Regel des Heimkommens am Abend. Jugendlichen ist es prinzipiell immer zu früh, den Eltern fast immer zu spät. Aus der Sicht ihrer Sprösslinge dürfen alle anderen viel länger draußen bleiben. Nur verschweigen sie, dass alle anderen Freunde dieselben Diskussionen zu Hause führen wie sie selbst. Sie als Eltern sollten Ihren Kindern vermitteln, dass es Gründe gibt, warum Jugendliche zu einer bestimmten Zeit zu Hause sein sollen. Es sollte ein Ritual sein, dass Eltern ihre Kinder einmal am Tag sehen und sprechen möchten. Dazu wäre die bereits oben erwähnte gemeinsame Mahlzeit geeignet. Natürlich wird bei der Diskussion aus der Sicht der jungen Menschen eine wesentliche Rolle spielen, dass das Zusammensein mit den Gleichaltrigen spannender, interessanter und aufregender ist als ein Abend mit den eigenen Eltern. Wenn diese dann noch abgespannt und müde von der Arbeit gekommen sind, ist das auch nachvollziehbar. Dem Sog nach Freiheit und Fun haben Eltern nicht so viel entgegenzusetzen. An die

Vernunft zu appellieren, dass die Kinder bei verspätetem Kommen zu wenig Schlaf haben und am nächsten Tag nicht fit sind für die Schule, hilft da wenig. Auch hier ist entscheidend, dass man gemeinsam darüber spricht, wie sich einzelne Abende gestalten lassen, damit diese für Kinder einen Anreiz haben und sie gern nach Hause kommen. Kreativität ist also ein hohes Gut – auch beim Regelnaufstellen.

Eltern sollten sich deshalb über die Interessen der Kinder informieren und daran teilhaben. Popcorn selbermachen und sich danach gemeinsam ein Video ansehen, ist etwas, was auch Jugendlichen Spaß macht. Eine Spielkonsole hat auch schon so manchen Vater zu einem Tennisfan gemacht. Warum nicht mal einen Abend gemeinsam die neuesten Spiele ausprobieren. Das ist gar nicht so leicht und fordert Geschicklichkeit und Fingerspitzengefühl. Nicht wenige Eltern entdecken da Talente bei ihren Sprösslingen.

>> Zur Erziehung gehört auch Konsequenz

Beim Aushandeln von Regeln sollten Eltern auch konsequent auf deren Einhaltung achten. Schon bei der Festlegung kann man überlegen, ob die Regel für alle Beteiligten realistisch und umsetzbar ist. Das gilt für die Ausführung ebenso wie für die Kontrolle. Eine Regel, die leicht zu umgehen ist, weil jegliches Kontrollorgan fehlt, ist aus der Sicht der jungen Menschen eine alberne Vorschrift. Reden Sie deshalb mit Ihren Kindern auch über die Konsequenzen, die das Nichteinhalten von vorher festgelegten Regeln zur Folge hat.

Bei den Konsequenzen sollte man immer darauf achten, dass sie ein Nachdenken über die Regelverletzung nach sich ziehen und nicht als Generalbestrafung dienen. Wenn die häuslichen Pflichten nicht erledigt werden, hat es wenig Sinn, eine Woche Stubenarrest zu erteilen. Häusliche Pflichten nicht zu erfüllen, heißt, diese müssen zu einem anderen Zeitpunkt trotzdem erledigt werden. Wenn die Aufgabe jeden Tag zehn Minuten in Anspruch nimmt und sie die gesamte

Woche nicht erledigt wurde, kommen 50 Minuten zusammen. Diese 50 Minuten gilt es dann am Wochenende in den gemeinsamen Haushalt zu investieren. Hier lernt das Kind: »Ich habe meinen Anteil für eine angenehme Familienatmosphäre nicht geleistet.« Eigentlich wollte die Familie vielleicht am Wochenende lieber zum See fahren und baden gehen, nun verzögert sich alles wegen der nicht erledigten Pflicht. Dem Kind wird deutlich, dass es sein Bedürfnis vor das aller anderen aus der Familie gestellt hat. »Ich wollte in der Woche mehr Freizeit und habe darum meine Aufgabe vernachlässigt. Nun muss ich diese am Wochenende nachholen – auf Kosten aller anderen.«

Regeln und Vereinbarungen sind dazu angetan, die Interessen und Bedürfnisse aller in der Familie zu berücksichtigen und zu respektieren. Ohne dieses Regelwerk ist ein harmonisches und gleichberechtigtes Familienleben nicht möglich.

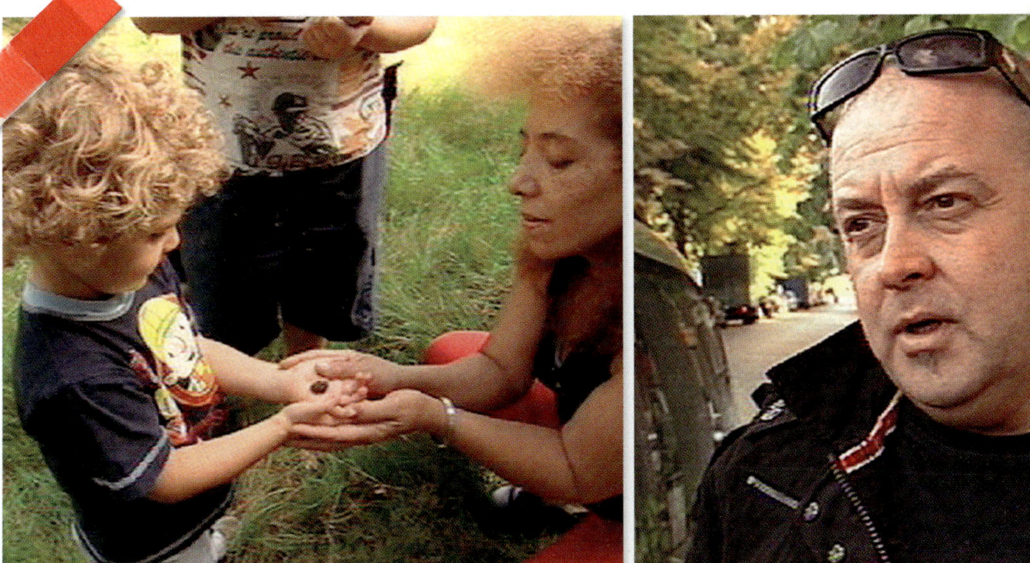

Zuwendung und Intervention – Bestandteile von Beziehungsarbeit

>> Im täglichen Miteinander spielerisch Mitbestimmung lernen

Eltern wünschen sich starke, selbstbewusste, intelligente Kinder. Sie sollen sich in der Schule und in Kindereinrichtungen durchsetzen können, kompromissbereit sein und das notwendige Einfühlungsvermögen für andere Kinder entwickeln. Dabei gibt es die unterschiedlichsten Erziehungsmodelle und Vorstellungen. Gerade wenn man Kinder erziehen will, die sich etwas zutrauen, die einen Standpunkt vertreten können und sich an den Diskussionen in der Schulklasse oder in der Freizeitgruppe beteiligen, setzt das einen Erziehungsprozess voraus, in dem die Mädchen und Jungen das alles zuvor gelernt haben.

Mitbestimmung für Kinder bedeutet, ihnen die Möglichkeit zu geben, in einem abgesteckten Rahmen Entscheidungen treffen zu können und Verantwortung zu übernehmen. Beispielsweise können Vierjährige schon entscheiden, welche Wandfarbe ihr neues Zimmer haben soll. Vorschulkinder sind in der Lage, bei der Urlaubsplanung genau zu formulieren, welche Aktivität sie am Urlaubsort besonders gern machen wollen. Diese Vorstellungen können dann in die Planung aufgenommen werden. Schmal ist der Grat für Eltern, die Mitbestimmung nicht zu sehr voranzutreiben und die Kinder damit zu überfordern. Es gibt Diskussionen, die sich einfach erübrigen. Über das Verhalten an einer roten Ampel muss man nicht debattieren und erklären, welche verkehrstechnischen Folgen eine Missachtung haben kann. Mit zunehmendem Alter wird sich der Rahmen, Kinder an Entscheidungen zu beteiligen, erweitern. Wichtig dabei ist, dass sich dieses Ritual der Mitbestimmung in der Familie allmählich entwickeln kann.

Früh übt sich – Jahr um Jahr ein bisschen mehr Verantwortung

Sind es am Anfang beispielsweise Entscheidungen, ob heute die braunen oder roten Schuhe angezogen werden können, ist es später die Beteiligung an der Planung für den Wochenendausflug. Traditionen wie ein gemeinsamer Familienkalender, in dem die Aktivitäten aller eingetragen werden und der von jedem einzusehen ist, sind sehr hilfreich. In diesem Kalender sollte ein fester Termin für eine regelmäßige Zusammenkunft aller Mitglieder der Familie stehen. Bei diesem Treffen können Absprachen, Freizeitplanungen, Diskussionen über Probleme und Konflikte auf dem Programm stehen. Ein Merkblock am Kühlschrank bietet ergänzend dazu die Möglichkeit, dass alle schon einmal vorab ankündigen können, welches Problem sie gerne besprochen hätten. Dann kann jeder in der Familie abschätzen, wie ausgedehnt oder kurz die Debatte werden wird und sich vorher auch inhaltlich darauf einstellen. Dieser gemeinsame »runde Tisch« ist so ganz nebenbei auch schon eine Vorbereitung in der Familie, wie Demokratie bereits im kleinen Rahmen gelebt werden kann. Hier lassen sich Prinzipien wie Zuhören, Aussprechenlassen, Ansehen beim Reden und vieles mehr erlernen. Beim Familienrat geht es darum, dass jedes Familienmitglied, so jung es auch sein mag, ein Mitspracherecht hat. Denn bei Festlegungen und Vereinbarungen zählt jede Meinung, auch wenn der, der sie vorbringt, sie noch nicht so gut formulieren kann. Diese Rückmeldung, dass jeder Standpunkt für alle wichtig ist, vermittelt eine Wertschätzung und stärkt das Selbstvertrauen. Es zeigt den Kindern, dass sie ein Mitspracherecht haben und das Leben in der Familie mitgestalten können.

>> Breite Palette für das Training von Mitbestimmung

Mit zunehmendem Alter können Kinder und Heranwachsende auch an der Haushaltsplanung und -abstimmung beteiligt werden. Zur *Haushaltsplanung* gehören Aufgaben wie Einkaufszettel schreiben, die Entscheidung, wie viel Geld für Lebensmittel, gemeinsame Freizeitaktivitäten oder den Urlaub zur Verfügung steht, ob die Wohnung renoviert werden muss oder ein neues Auto gekauft werden sollte. In der *Haushaltsabstimmung* wird entschieden, wer die Elternversammlung besucht oder den Zahnarztbesuch mit den Kindern realisiert, wer die Kinder in den Kindergarten bringt oder zur Oma fährt, um dort die Fenster zu putzen.

Freizeitaktivitäten bringen Spaß und entwickeln Verantwortung, Disziplin und Selbstbewusstsein

Kinder lernen bei der Beteiligung an diesen Aufgaben, wie viel Geld man für einen Einkauf benötigt, welches Budget für den nächsten Urlaub zur Verfügung steht oder welche Putzmittel im Haushalt unbedingt benötigt werden. Auch hier können sich Kinder durch ihre Beteiligung, ihre Ideen, Vorschläge und Ansichten mit einbringen.

Aber nicht nur in die Familienentscheidungen kann man als Eltern die jüngsten Familienmitglieder einbeziehen. Mehr und mehr sollten sie auch an Entscheidungen, die sie selbst betreffen, beteiligt werden. Viele Eltern wünschen sich beispielsweise für ihre Kinder, dass sie in der Freizeit ein Instrument lernen, sich sportlich betätigen oder ein anderes Hobby wählen. Eltern und Kinder haben da oft sehr unterschiedliche Motivationen, warum es eine bestimmte Aktivität sein soll. Nicht selten sind es die Eltern, die die Entscheidung über den Sportclub oder das Musikinstrument treffen. Wenn Kinder aber von vornherein unmotiviert sind, weil sie weder die Sportart noch das Instrument wollten, werden sie nicht lange durchhalten. Bei Sportarten kann man beispielsweise Schnupperstunden buchen. Lassen Sie Ihr Kind eine Sportart wählen, und machen Sie einen Vorschlag. Dann kann das Kind selbst sich nach der Probestunde oder mehreren Stunden für eine Sportart entscheiden.

RÜCKSCHAU & AUSBLICK – WERDEN WÜNSCHE WAHR?

Nun habe ich dieses Buch geschrieben. Ich habe versucht, die Faszination meines Berufes zu beschreiben, habe mich sehr kritisch mit meiner Arbeit sowohl für das Fernsehen als auch außerhalb des Fernsehens auseinandergesetzt, ich habe meine Verantwortungen beschrieben, Tipps gegeben, Ratschläge formuliert und mein Wissen weitergegeben.

>> Was bleibt mir jetzt?

Ich wünsche mir, dass Eltern ihre Verantwortung gegenüber ihren Kindern wahrnehmen. Dass sie den Mut haben, sich den Schwierigkeiten des Alltags zu stellen. Dass sie sich einlassen auf diese lange Reise der Erziehung eigener Kinder. Dass sie den oft steinigen Weg mit Bravour gehen und dass sie sich Hilfe und Unterstützung holen, wenn sie glauben, überfordert zu sein. Es ist keine Schande, an Grenzen zu stoßen, es ist eine Schande und unverantwortliches Handeln, wenn ich meine eigene Grenze erkenne und nicht handle. Glauben Sie bitte an die Stärke und den Zusammenhalt der Familie. Holen Sie sich

professionellen Beistand, wenn dieser erforderlich wird, reden Sie mit Freunden über Ihre Probleme, und lassen Sie sich beraten.
Nach meinen Erfahrungen in all den Jahren wurde in den Familien oft zu lange geschwiegen. Das Geschrei ist groß, und Hilfe wird nur dann akzeptiert, wenn das Kind – im wahrsten Sinne des Wortes – in den Brunnen gefallen ist. Dies ist der denkbar ungünstigste und für alle Beteiligten der schmerzhafteste Weg. Agieren Sie im Sinne Ihrer Kinder früher und konkreter.

Hören, sehen und vor allem fühlen Sie sich in Ihre Kinder ein.
Nur Sie können das, denn Sie sind Mutter oder Vater.

ay!

Nachwort

Die Arbeit an diesem Buch war anstrengend.
Neben der Produktion zur dritten Staffel der »Ausreißer« habe ich dieses Experiment begonnen, und nur durch die enge Zusammenarbeit mit Simone Winkelmann ist es in der Tat ein Buch geworden. Die Notwendigkeit, mich aus dem aktuellen Produktionsprozess herauszulösen und auf eine Analyse meiner Tätigkeit zu konzentrieren, war mitunter ein komplizierter Spagat. Das vorliegende Buch hat mich noch kritischer werden lassen, hat mich zu Erkenntnissen geführt, welche Strategien fortzu-führen sind und wie groß meine Verantwortung als Pädagoge auch zukünftig sein wird. Die Phänomene in den Familien kritisch aufzuzeigen und daraus Schlussfolgerungen für die praktische Arbeit zu ziehen, wird mich in meiner Tätigkeit auch weiterhin beeinflussen. Eine Reflexion und Evaluierung der eigenen Arbeit bringt immer auch neue Erkenntnisse.

Für ihre Bereitschaft, mit mir zu streiten, sich mit mir auseinanderzusetzen, für ihren fachlichen Input, ihre Fachbeiträge und für ihren immer vorhandenen Optimismus danke ich Simone von Herzen. Ohne sie wäre dieses Buch niemals geschrieben worden. Ein großes Dankeschön auch meinem Kollegen Matthias Kraul, der sich für die Anhänge zu Anlauf- und Beratungsstellen verantwortlich zeigt.

Nicht zuletzt danke ich all den Familien und den Jugendlichen, mit denen ich gearbeitet habe und die mir durch die Bereitschaft, ihre Lebensgeschichten einer breiten Öffentlichkeit preiszugeben, die Möglichkeit gaben, Denkanstöße zu formulieren. Wenn wir es geschafft haben, ein Buch zu schreiben, das Eltern zum Nachdenken über ihr eigenes Tun motiviert, dann ist uns aus unserer Sicht viel gelungen.

Vielen Dank!

Thomas Sonnenburg

ANHANG

>> Glossar

Anamnesegespräch in der Sozialarbeit

Bei der Anamnese handelt es sich um die ». . . Sammlung, Systematisierung und diagnostische Verarbeitung von Informationen

>> zum biographischen Hintergrund (harte Fakten),

>> zu gegenwärtigen und früheren körperlichen Zuständen sowie Verhaltensweisen und Erlebnissen eines Individuums in seinem sozialen Umfeld (unter Berücksichtigung der gestörten und nicht gestörten Komponenten),

>> zu den verursachenden, auslösenden, aufrechterhaltenden und beitragenden Bedingungen,

>> zu prognostischen Entscheidungen mit oder ohne nachfolgende Maßnahmen«.

Kähler, H.D. (1987): Anamneseerhebungen in Erstgesprächen – Sherlock Holmes als Anreger? aus: Sonderdruck Heft 4/ 1987, Archiv für Wissen und Praxis der Sozialen Arbeit

Autoaggressives Verhalten

Unter autoaggressivem oder selbstverletzendem Verhalten werden verschiedene Handlungsweisen zusammengefasst, deren gemeinsames Ziel die Beschädigung des eigenen Körpers ist.

Es gibt eine Vielzahl fast synonymer Bezeichnungen:

>> selbstdestruktives Verhalten

>> selbstbestrafendes Verhalten

>> autoaggressives Verhalten
>> masochistisches Verhalten
>> Selbstverstümmelung.

Scholz, J.: Autoaggressives Verhalten von Mädchen- verletzte und verletzende Mädchen. Online eingesehen am 08.09.09 unter: www.kinderschutz-zentren.org/.../vortrag_folien_scholz_heidelberg2008.pdf

Du-Botschaften

Ganz gleich, ob in der Du- oder Sie-Ansprache: Jede Aussage, die auf eine andere Person bezogen ist, wird Du-Botschaft genannt. Du-Botschaften mischen sich in das Verhalten, Fühlen oder Wollen des Anderen ein, offenbaren aber nichts oder nur Ungenaues über die dahinter stehenden Probleme des Absenders, da sie nur Aussagen über den Empfänger machen. Du-Botschaften wirken sich in vielen Fällen ungünstig auf die Kommunikation aus. Sie können

>> verletzen,
>> Widerstand hervorrufen,
>> Schuldgefühle verursachen,
>> als Tadel, Herabsetzung und Ablehnung empfunden werden,
>> das Selbstwertgefühl der angesprochenen Person mindern,
>> als Missachtung oder Bestrafung empfunden werden.

Das Gegenteil von Du-Botschaften sind Ich-Botschaften. Ich-Botschaften senden heißt, mit den Menschen, denen man begegnet, offen, ehrlich und direkt umzugehen, ohne sie zu verletzen oder anzugreifen.

Wirtschafts- Fachinformationen für Unternehmen, Führungskräfte und alle, die in ihrem Beruf erfolgreich arbeiten wollen, online eingesehen am 31.08.09 unter: Google: www.business-best-practice.de/Du-Botschaften

Emotionale Intelligenz

Emotionale Intelligenz ist eine übergeordnete Fähigkeit, die sich – fördernd oder behindernd – zutiefst auf alle anderen Fähigkeiten auswirkt. Emotionale Intelligenz umfasst die Fähigkeit, die eigenen Emotionen wahrzunehmen, mit diesen Emotionen umgehen zu können, sie in den Dienst einer Sache zu stellen, also sich selbst zu motivieren, sowie die Fähigkeit zur Einfühlung in andere Menschen (Empathie) und zu kompetentem Umgang mit Beziehungen. Mit emotionaler Intelligenz werden eine ganze Reihe von Fähigkeiten und Kompetenzen beschrieben, wie z.B. Mitgefühl, Kommunikationsfähigkeit, Menschlichkeit, Takt, Höflichkeit.

Vgl.: Goleman, Daniel: Emotionale Intelligenz, DTV, 2005

Familienhelfer/in

Familienhelfer/in oder allgemeiner, sozialpädagogische Familienhilfe ist eine ambulante Hilfe zur Erziehung. Sie ist gesetzlich geregelt im §31 des KJHG: »Sozialpädagogische Familienhilfe soll durch intensive Betreuung und Begleitung Familien in ihren Erziehungsaufgaben, bei der Bewältigung von Alltagsproblemen, der Lösung von Konflikten und Krisen sowie im Kontakt mit Ämtern und Institutionen unterstützen und Hilfe zur Selbsthilfe geben. Sie ist in der Regel auf längere Dauer angelegt und erfordert die Mitarbeit der Familie.

Hrsg.: Familienministerium für Familie, Senioren, Frauen und Jugendliche, aus dem Onlinehandbuch: Sozialpädagogische Familienhilfe in der Bundesrepublik Deutschland. Online eingesehen am 11.07.09 unter: Google: www.bmfsfj.de/ familienhelfer

Innere Emigration

ist der stille Rückzug von Jugendlichen in eine eigene Welt. Besonders besorgniserregend wird es, wenn Jugendliche jeglichen Gesprächen ausweichen, völlig ziel- und planlos leben. »Das kann bis zu einer echten Depression mit Selbstmordgefährdung führen«, so der Münchner Jugendpsychiater Ulrich Diekmeyer.

Entwicklung der Kinder und Jugendlichen Persönlichkeit. Lernfeld 6 an der Interuni. Online eingesehen am 05.06.09 unter: www.inter-uni.net/LdV/html/CD_DE/EP_LF06_Persoenlichkeit_pdf

Intelligenzquotient

Der Intelligenzquotient (IQ) ist eine Kenngröße zur Bewertung des allgemeinen intellektuellen Leistungsvermögens (Intelligenz) eines Menschen. Er wird mit einem Intelligenztest ermittelt und vergleicht die Intelligenz eines Menschen mit dem geschätzten Durchschnitt der Gesamtbevölkerung im selben Zeitraum.

Quelle: http://de.wikipedia.org/wiki/Intelligenzquotient

Intervention

Die Sozialpädagogik hat ihren eigenen, für ihre Interventionen geeigneten Maßstab: nämlich sich zuvörderst um die Probleme zu kümmern, die die Menschen haben. Das heißt, die Not der Kinder und die der anderen Familienmitglieder sollen die Aktivitäten steuern.
Die Not verweist auf die aktuell stark belastenden und zerstörerischen Lebensbedingungen sowie auf die vorenthaltenen Entwicklungschancen, die auch die Zukunft beeinträchtigen.

Prof. Wolf, Klaus (2003): Familien als Adressaten sozialpädagogischer Interventionen, in: Forum Erziehungshilfe, 9...Jg. (2003), H5, S.260- 266

PeerGroups

PeerGroups ist ein aus der amerikanischen Jugendsoziologie stammender Begriff zur Bezeichnung von Gleichaltrigengruppen, informellen Spiel- und Freizeitgruppen etwa gleichaltriger Kinder und Jugendlicher.

Die Bandbreite reicht dabei von spontanen, oft nur für bestimmte Anlässe entstandenen Gruppen bis zu festen sozialen Gefügen wie Cliquen oder Jugendbanden mit Mitgliedschafts- und Ausschlussregeln. Diese meist gleichgeschlechtlich zusammengesetzten Gruppen werden für Jugendliche um so wichtiger, je mehr sie sich psychisch und sozial von den Eltern ablösen. Oft grenzen sich denn auch Gleichaltrigengruppen bewusst von spezifischen Wertvorstellungen und Erwartungen Erwachsener ab. Sie treffen sich außerhalb des Einzugsbereichs von Schule und Familie und verstehen sich ausdrücklich nicht als von Erwachsenen initiiert oder kontrolliert. Als ein Ort, wo in einem Umfeld symmetrischer sozialer Beziehungen die Spielregeln des Zusammenlebens eingeübt werden können, bilden PeerGroups für Kinder und Jugendliche eine wichtige Sozialisationsinstanz. Diese kann in bestimmten Fällen in Konkurrenz zur Familie treten. Vorherrschend sei aber, wie Hurrelmann (1994) erwähnt, die gegenseitige Ergänzung der Einflüsse beider Kontaktbereiche.

Hurrelmann, Klaus (1994): Lebensphase Jugend, Juventa, Weinheim
Krappmann, Lothar: Sozialisation in der Gruppe der Gleichaltrigen, in: Klaus Hurrelmann, Dieter Ulich (Hrsg.), Neues Handbuch der Sozialisationsforschung, Beltz, Weinheim 1991

Reha (Abkürzung für Rehabilitation)

Unter medizinischer Rehabilitation versteht man die Wiederherstellung von körperlichen Funktionen, Organfunktionen und gesellschaftlicher Teilhabe mit physiotherapeutischen- und ergotherapeutischen Maßnahmen, Mitteln der klinischen Psychologie und Anleitungen zur Selbstaktivierung. Vorrangig werden Maßnahmen der medizinischen Rehabilitation ambulant erbracht. Erst wenn ambulante Maßnahmen nicht mehr ausreichen, ist eine stationäre Rehabilitation indiziert.

Quelle:http://de.wikipedia.org/wiki/Medizinische_Rehabilitation

Vormundschaft

Der Vormund ist ein rechtlicher Vertreter anstelle der Eltern, der sich um das Wohlergehen des Heranwachsenden sorgt. Können oder wollen Eltern ihrer Verantwortung und ihren Pflichten im Zusammenhang mit ihrem Sorgerecht nicht nachkommen, muss ein Gericht entscheiden, wer diese Aufgabe übernimmt. Häufig wird erst einmal im familiären Umfeld nach geeigneten Personen gesucht. Der Vormund verwaltet zum Beispiel das Geld, bis der Heranwachsende 18 Jahre alt geworden ist, er kümmert sich darum, dass der Heranwachsende bei einer Person aus dem Familienumfeld oder in einem geeigneten Heim, bei einer Pflegefamilie oder in einer betreuten Wohnung untergebracht wird. Einen besonderen Fall gibt es bei der Vormundschaft: Wenn ein Mädchen ein Kind bekommt, bevor sie 18 Jahre alt ist, dann bekommt sie für die gesetzliche Vertretung ihres Kindes einen Vormund an die Seite gestellt.

>> Adressen *

Bundesverbände

AFET – Bundesverband
für Erziehungshilfe e. V.
Osterstr. 27, 30159 Hannover
Tel. (05 11) 35 39 91 40
E-Mail info@afet-ev.de
www.afet-ev.de

Bundesarbeitsgemeinschaft
Kinder- und Jugendschutz e. V.
Mühlendamm 3, 10178 Berlin
Tel. (0 30) 40 04 03 00
E-Mail info@
bag-jugendschutz.de
www.bag-jugendschutz.de

Bundesarbeitsgemeinschaft
Streetwork/Mobile Jugendarbeit e. V. Herzbachweg 2
63571 Gelnhausen
www.bag.streetwork.org

Bundesarbeitsgemeinschaft
Evangelische Jugendsozialarbeit (BAG EJSA)
Wagenburgstr. 26–28
70184 Stuttgart
Tel. (07 11) 1 64 89 - 0
E-Mail mail@bagejsa.de
www.bagejsa.de

Bundeskonferenz für Erziehungsberatung e. V.
Herrnstr. 53, 90763 Fürth
Tel. (09 11) 9 77 14 - 0
E-Mail bke@bke.de
www.bke.de

Bundesarbeitsgemeinschaft
örtlich regionaler Träger der
Jugendsozialarbeit e. V.
Marienburger Str. 1,
10405 Berlin
Tel. (0 30) 40 50 57 69 - 0
E-Mail info@bag-oert.de
www.bag-oert.de

Arbeitsgemeinschaft für
Kinder- und Jugendhilfe
Mühlendamm 3, 10178 Berlin
Tel. (0 30) 4 00 40 - 2 00
E-Mail agj@agj.de
www.agj.de

Landesverbände

Landesarbeitsgemeinschaft
Streetwork/Mobile Jugendarbeit Bayern e. V.
c/o Streetwork Freising
Kölblstr. 2, 85356 Freising
Tel. (0 81 61) 8 84 96 04
E-Mail info@streetwork-
bayern.de
www.streetwork-bayern.de

Landesarbeitgemeinschaft
Mobile Jugendarbeit/Streetwork Baden-Württemberg
e. V.
Heilbronner Str. 180,
70191 Stuttgart
Tel. (07 11) 16 56 - 2 22
E-Mail servicestelle@
lag-mobil.de
www.lag-mobil.de

Fachverband für Mobile
Jugendarbeit/Streetwork in
Sachsen e. V.
c/o Club Würfel
Wilhelm-Firl-Str. 23
09122 Chemnitz
Tel. (03 71) 22 40 03
www.mja-sachsen.de

Landesarbeitsgemeinschaft
Streetwork/Mobile Jugendarbeit NRW e. V.
Graf-Recke-Str. 209
40237 Düsseldorf
Tel. (02 11) 36 10 - 2 93
E-Mail wuesthof@
betreten-erlaubt.de
www.betreten-erlaubt.de

Landesarbeitsgemeinschaft
Mobile Jugendarbeit/Streetwork Brandenburg e. V.
Schopenhauerstr. 32
14467 Potsdam
E-Mail streetwork-brandenburg@web.de
www.streetwork-brandenburg.de

Landesarbeitsgemeinschaft
Streetwork Thüringen
Werner-Petzold-Str. 10
07549 Gera
www.lagstreetworkthueringen.de

* Sämtliche Angaben sind auf dem Stand September 2009

Beratungsstellen – Deutschland

BUNDESWEIT

Beratung und Anlaufstellen in Krisensituationen

Telefonseelsorge
0800 1 11 01 11 oder
0800 1 11 02 22

Kinder- und Jugendtelefon
»Die Nummer gegen Kummer«
0800 1 11 03 33
www.nummergegenkummer.de

Elterntelefon
»Die Nummer gegen Kummer«
0800 1 11 05 50
www.nummergegenkummer.de

BADEN-WÜRTTEMBERG

Beratung und Anlaufstellen bei Fragen zur Erziehung

Landesjugendamt Baden-Württemberg
Kommunalverband
für Jugend und Soziales
Postfach 106022
70049 Stuttgart
Tel. (07 11) 63 75 - 0
Fax (07 11) 63 75 - 449
E-Mail roland.kaiser@kvjs.de
www.kvjs.de

Stadtjugendamt Stuttgart
Jugendamt Stuttgart
Wilhelmstr. 3
70182 Stuttgart
Tel. (07 11) 2 16 - 51 00
Fax (07 11) 2 16 - 76 81
E-Mail
poststelle.jugendamt@stuttgart.de
www.stuttgart.de

Familien-, Jugend- und Erziehungsberatung

Psychologische Beratungsstelle für Eltern, Kinder, Jugendliche und junge Erwachsene
Caritasverband für Stuttgart e. V.
Ingeborg Billion
Wildbader Str. 8
70372 Stuttgart

Familienberatungs- und Behandlungsstelle im Psychotherapeutischen Zentrum e. V.
Christian-Belserstr. 75 a
70597 Stuttgart
Tel. (07 11) 6 78 14 23
Fax (07 11) 6 78 14 28
E-Mail
familienberatung-stuttgart@t-online.de
www.familienberatung-stuttgart.de

Ruf und Rat - Psychologische Beratungsstelle
Hospitalstr. 26
70174 Stuttgart
Tel. (07 11) 2 26 20 55
Fax (07 11) 2 26 96 46
E-Mail
beratungszentrum@ruf-und-rat.de
www.ruf-und-rat.de

Beratung und Anlaufstellen in Krisensituationen

Katholische Telefonseelsorge
Herr Pfarrer Thomas Krieg
Tel. 0800 111 0 222
www.ruf-und-rat.de

Informations- und Beratungsstellen bei speziellen Problematiken

Soziale Dienste des Jugendamtes
Herrn Bruno Pfeifle
Wilhelmstr. 3
70182 Stuttgart
Tel. (07 11) 2 16 - 25 04
Fax (07 11) 2 16 - 62 46

Stiftung Wilhelmspflege
Bernhauser Str. 20
70599 Stuttgart
Tel. (07 11) 93 78 03 - 33
Fax (07 11) 93 78 03 - 34

St. Josef gGmbH
Haußmannstr. 160
70188 Stuttgart
Tel. (07 11) 1 66 65 - 0
Fax (07 11) 1 66 65 - 13
E-Mail info@st-josefggmbh.de
www.st-josefggmbh.de

Evangelische Gesellschaft Stuttgart e. V.
Büchsenstr. 34/36

70174 Stuttgart
Tel. (07 11) 20 54 - 0
Fax (07 11) 20 54 - 327
www.eva-stuttgart.de

FAZIT GmbH – Gesellschaft für lösungsorientierte Jugendhilfe mbH
Oberer Kirchhaldenweg 73
70195 Stuttgart
Tel. (07 11) 6 20 59 00
Fax (07 11) 6 20 59 02
E-Mail info@fazit-jugendhilfe.de
www.fazit-jugendhilfe.de

BAYERN

Beratung und Anlaufstellen bei Fragen zur Erziehung

Landesjugendamt Bayern
Zentrum Bayern Familie und Soziales
Marsstr. 46, 80335 München
Postfach 400260
80702 München
Tel. (0 89) 12 61 - 04
Fax (0 89) 12 61 - 22 80
E-Mail poststelle@zbfs-blja.bayern.de
www.blja.bayern.de

Stadtjugendamt München
Prielmayerstr. 1
80335 München
Tel. (0 89) 233 - 4 95 01
Fax (0 89) 233 - 4 95 03
E-Mail jugendamt.soz@muenchen.de
www.muenchen.de

Kreisjugendamt München
Mariahilfplatz 17
81541 München
Tel. (0 89) 62 21 - 0
Fax (0 89) 62 21 - 22 78
und - 24 96 und -24 96
E-Mail Kreisjugendamt@lra-m.bayern.de
www.landkreis-muenchen.de

Beratung und Anlaufstellen in Krisensituationen

Infofon
Informations- und Beratungstelefon von Jugendlichen für Jugendliche
Tel. (0 89) 121 50 00
E-Mail team@infofon.muc.kobis.de
www.infofon.muc.kobis.de

Die Arche – Suizidprävention und Hilfe in Lebenskrisen e. V.
Tel. (0 89) 33 40 41
www.die-arche.de

Münchner Insel
Marienplatz Untergeschoss
80331 München
E-Mail info@muenchner-insel.de
www.muenchner-insel.de

Informations- und Beratungsstellen bei speziellen Problematiken

Bezirkssozialarbeit Sozialreferat
Leitung der Sozialbürgerhäuser Soziales
Orleansplatz 11
81667 München
Tel. (0 89) 23 32 26 16
Fax (0 89) 23 32 79 39
E-Mail s-iv-lbs-gruppenpostfach@muenchen.de

Sozialpsychiatrischer Dienst Stadtmitte
Kommunale Psychiatrie Referat für Gesundheit und Umwelt
Bayerstr. 28 a
80335 München
Tel. (0 89) 233 - 4 79 47
Fax (0 89) 233 - 4 79 48
E-Mail sozialpsychiatrischer-dienst.rgu@muenchen.de
www.muenchen.de/sozialpsychiatrischer-dienst

Kinder- und Jugendpsychiatrische Beratungsstelle
Dachauer Str. 90
80335 München
Fax (0 89) 23 3 - 3 78 51
E-Mail kinderpsyberatungsstelle.rgu@muenchen.de

Familien-, Jugend- und Erziehungsberatung

ALTSTADT | LEHEL | LUDWIGSVORSTADT | ISARVORSTADT MAXVORSTADT
Evangelisches Beratungszentrum München e. V./Diakonie
Landwehrstr. 15 Rgb.
80336 München
Tel. (0 89) 59 04 81 30
Fax (0 89) 59 04 81 90
E-Mail eb@ebz-muenchen.de

ALTSTADT | LEHEL | BOGENHAUSEN
Katholische Jugendfürsorge
Unsöldstr. 15

80538 München
Tel. (0 89) 21 93 79 3 - 0
Fax (0 89) 21 94 94 99
E-Mail erziehungsberatung@kjf-muenchen.de

SCHWABING-WEST SCHWABING-FREIMANN

Landeshauptstadt München
Sozialreferat /Stadtjugendamt
Haimhauser Str. 13
80802 München
Tel. (0 89) 39 10 14
Fax (0 89) 33 91 20

AU | HAIDHAUSEN

Beratungsstelle für Eltern, Kinder und Jugendliche
Schule-Beruf e. V./DPWV
Kirchenstr. 88
81675 München
Tel. (0 89) 48 88 26
Fax (0 89) 48 99 86 21
E-Mail team@beratungsstelle-kirchenstrasse.de
www.beratungsstelle-kirchenstrasse.de

SENDLING | SENDLING | WESTPARK GROSS- UND NEUHADERN

Beratungsstelle für Eltern, Kinder, Jugendliche und Familien (Erziehungsberatung) der Caritas
Hansastr. 136
81373 München
Tel. (0 89) 7 10 48 10
Fax (0 89) 7 10 48 111
E-Mail eb-sendling@caritasmuenchen.de

SCHWANTHALERHÖHE | LAIM KLEINHADERN | BLUMENAU

Landeshauptstadt München
Sozialreferat/Stadtjugendamt
Prielmayerstr. 1
80335 München
Tel. (0 89) 2 33 - 4 96 97
Fax (0 89) 2 33 - 4 97 01
E-Mail familienberatung.soz@muenchen.de

NEUHAUSEN-NYMPHENBURG MOOSACH

Landeshauptstadt München
Sozialreferat/Stadtjugendamt
Dantestr. 27, 80637 München
Tel. (0 89) 1 59 89 70
Fax (0 89) 15 98 18

MILBERTSHOFEN

Erziehungsberatung Milbertshofen
AWO KV München-Stadt e. V. Stadtteilarbeit Milbertshofen
Georgenschwaigstr. 27
80807 München
Tel. (0 89) 35 65 15 03
Fax (0 89) 35 66 17 49
E-Mail beratungsdienst@awo-muenchen.de

HARTHOF/AM HART

Beratung am Harthof
Eltern, Kind, Schule e.V.
Weyprechtstr. 82
80937 München
Tel. (0 89) 22 54 36
Fax (0 89) 22 18 41
E-Mail eb@eltern-kind-und-schule.de

BERG AM LAIM | TRUDERING RIEM

SOS-Beratungs- und Familienzentrum
SOS-Kinderdorf e. V./DPWV
St.-Michael-Str. 7
81673 München
Tel. (0 89) 43 69 08 - 0
Fax (0 89) 43 69 08 - 29
E-Mail bz-muenchen@sos-kinderdorf.de
www.sos-bz-muenchen.de

RAMERSDORF | PERLACH

Ökumenische Beratungsstelle im kirchlichen Sozialzentrum Neuperlach
Caritas/Evangelisches Beratungszentrum
Lüdersstr. 10, 81737 München
Tel. (0 89) 67 82 02 24
Fax (0 89) 67 82 02 15
E-Mail Eb-ram.perlach@web.de

OBERGIESING | UNTERGIESING HARLACHING

Landeshauptstadt München
Sozialreferat/Stadtjugendamt
Oberbiberger Str. 49
81547 München
Tel. (0 89) 23 33 59 59
Fax (0 89) 23 33 59 50

THALKIRCHEN | OBERSENDLING FÜRS-TENRIED | FORSTENRIED SOLLN

Caritas-Zentrum Neuforstenried
Königswieser Str. 12
81475 München
Tel. (0 89) 75 59 25 - 0
Fax (0 89) 74 55 95 - 11

E-Mail eb-neuforstenr@
caritasmuenchen.de

PASING | OBERMENZING ALLACH | UNTERMENZING

Landeshauptstadt München
Sozialreferat/Stadtjugendamt
Hillernstr. 1, 81241 München
Tel. (0 89) 54 67 36 - 0
Fax (0 89) 54 67 36 - 38

AUBING | LOCHHAUSEN LANGWIED

pro familia/DPWV
Bodenseestr. 226
81243 München
Tel. (0 89) 89 76 73 0
Fax (0 89) 89 76 73 73
E-Mail Muenchen-neuaubing@profamilia.de

FELDMOCHING | HASENBERGL

Diakonie Hasenbergl
Erziehungs-, Jugend- und Familienberatung
Riemerschmidtstr. 16
80933 München
Tel. (0 89) 31 20 96 - 0
Fax (0 89) 31 20 96 - 51
E-Mail eb@diakonie-hasenbergl.de

Informations- und Beratungsstellen bei speziellen Problematiken

Drogenberatung
Bayerstr. 28a, 80335 München
Tel. (0 89) 23 3 - 4 79 64
Fax (0 89) 23 3 - 4 79 63
E-Mail drogenberatung.
rgu@muenchen.de

NEUE WEGE Jugendhilfe
Haimhauser Str. 3-5a
80802 München
Tel. (0 89) 38 66 73 - 0
Fax (0 89) 38 66 73 - 10
E-Mail mail@nwjugend.de
www.neue-wege-jugendhilfe.de

Wohnhilfe München e. V.
Nockherstr. 60
81541 München
Tel. (0 89) 43 66 29 - 0
Fax (0 89) 43 66 29 - 99
E-Mail info@wohnhilfe-muenchen.de
www.wohnhilfe-muenchen.de

Fluchtpunkt
Verein für Jugendpflege und Jugendhilfe e. V.
Landsberger Str. 289
80687 München
Tel. (0 89) 89 22 33 26
Fax (0 89) 89 22 33 28
Notruf (01 71) 38 03 279
E-Mail info@fluchtpunkt.de
www.fluchtpunkt.de

Notschlafstelle
Verein für Jugendpflege und Jugendhilfe e. V.
Feigstr. 19, 80999 München
Tel. (0 89) 81 88 69 23
Fax (0 89) 81 88 69 25
E-Mail
info@notschlafstelle.de
www.notschlafstelle.de

BERLIN

Beratung und Anlaufstellen bei Fragen zur Erziehung

Landesjugendamt Berlin
Senatsverwaltung für Bildung, Wissenschaft und Forschung
Beuthstr. 6-8, 10117 Berlin
Tel. (0 30) 90 26 - 52 87
Fax (0 30) 90 26 - 53 15
E-Mail joachim.groeschke@
senbwf.berlin.de
www.berlin.de/sen/jugend/
index.html

Jugendamt-Bezirke
www.berlin.de

Jugendamt Charlottenburg-Wilmersdorf
Fehrbelliner Platz 4,
10707 Berlin
Tel. (0 30) 90 29 - 15 000

Jugendamt Friedrichshain-Kreuzberg
Frankfurter Allee 35-37
10247 Berlin
Tel. (0 30) 90 29 8 - 0
Fax (0 30) 90 29 8 - 41 95

Jugendamt Lichtenberg
Große-Leege-Str. 103
13055 Berlin
E-Mail JugInfo@libg.verwalt-berlin.de

Jugendamt Marzahn-Hellersdorf
Riesaer Str. 94, 12627 Berlin
Tel. (0 30) 9 02 93 - 41 01
Fax (0 30) 9 02 93 - 41 05

E-Mail jugendamt@ba-mh.verwalt-berlin.de

Jugendamt Mitte
Karl-Marx-Allee 31
10178 Berlin
Tel. (0 30) 90 18 - 2 33 84
Fax
(0 30) 90 18 - 488 - 2 33 84

Jugendamt Neukölln
Karl-Marx-Str. 83
12043 Berlin-Neukölln
Tel. (0 30) 68 09 - 0
E-Mail info@BA-NKN.Verwalt-Berlin.de

Jugendamt Pankow
Berliner Allee 252-260
13088 Berlin-Weißensee
Tel. (0 30) 9 02 95 - 72 01
Fax (0 30) 9 02 95 - 29 49

Jugendamt Reinickendorf
Eichborndamm 215-239
13437 Berlin
Tel. (0 30) 9 02 94 - 23 31
Fax (0 30) 9 02 94 - 60 07

Jugendamt Spandau
Klosterstr. 36, 13581 Berlin
Tel. (0 30) 9 02 79 - 34 36
oder - 7621
Fax (0 30) 9 02 79 - 20 06
E-Mail jugfam@ba-spandau.berlin.de

Jugendamt Steglitz-Zehlendorf
Kirchstr. 1/3, 14163 Berlin
Tel. (0 30) 9 02 99 - 0
E-Mail leitung-jugendamt@ba-sz.berlin.de

Jugendamt Tempelhof-Schöneberg
Rathaus Friedenau
Breslauer Platz, 10820 Berlin

Jugendamt Treptow-Köpenick
Freiheit 15, 12555 Berlin
Tel. (0 30) 9 02 97 - 33 07
Fax (0 30) 9 02 97 - 33 04

Erziehungs- und Familienberatungsstellen (EFB)

MITTE

EFB Tiergarten
Jugendamt
Rathenower Str. 16
10559 Berlin
Tel. (0 30) 2 00 93 46 14

EFB Wedding
Jugendamt
> Schulstr. 101, 13347 Berlin
Tel. (0 30) 2 00 94 54 00
> Grüntaler Str. 21
13357 Berlin
Tel. (0 30) 2 00 94 53 50

EFB Mitte
Caritasverband für das Erzbistum Berlin e. V.
Große Hamburger Str. 18
10115 Berlin
Tel. (0 30) 66 63 34 70

FRIEDRICHSHAIN - KREUZBERG

EFB Friedrichshain
Jugendamt
Frankfurter Allee 35-37
10247 Berlin
Tel. (0 30) 9 02 98 45 22

EFB Kreuzberg
Jugendamt
> Mehringdamm 112
10965 Berlin
Tel. (0 30) 9 02 98 24 15
> Wiener Str. 57
10999 Berlin
Tel. (0 30) 22 50 33 21

PANKOW

EFB Weißensee
Jugendamt
> Amalienstr. 8, 13088 Berlin
Tel. (0 30) 9 02 95 83 37
> Alt Buch 64, 13125 Berlin
Tel. (0 30) 94 39 64 82

EFB Pankow
Jugendamt
Neue Schönholzer Str. 31
13187 Berlin
Tel. (0 30) 9 02 95 27 50

EFB Prezlauer Berg
Jugendamt
Danziger Str. 81, 10405 Berlin
Tel. (0 30) 9 02 95 36 22

Evangelische Beratungsstelle Pankow
Beratung und Lebenshilfe e. V.
> Borkumstr. 22, 13189 Berlin
Tel. (0 30) 4 73 39 20
> Dunckerstr. 10, 10437 Berlin
Tel. (0 30) 4 45 08 91

CHARLOTTENBURG - WILMERSDORF

EFB Charlottenburg
Jugendamt
Pestalozzistr. 20 10625 Berlin
Tel. (0 30) 9 02 91 78 02

EFB Wilmersdorf
Jugendamt
Rudolf-Mosse-Str. 9
10707 Berlin
Tel. (0 30) 9 02 91 92 02

EFB Charlottenburg/
Wilmersdorf
Caritasverband für das
Erzbistum Berlin e.V.
Pfalzburger Str. 18
10719 Berlin
Tel. (0 30) 86 00 92 33

SPANDAU
EFB
Jugendamt
> Germersheimer Weg 27–29
13583 Berlin
Tel. (0 30) 33 03 24 48
> Götelstr. 66, 13595 Berlin
Tel. (0 30) 3 69 97 43 18

Evangelisches Johannesstift
Psychologische Beratungs-
stelle
Kirchhofstr. 30, 13585 Berlin
Tel. (0 30) 3 36 14 29

STEGLITZ – ZEHLENDORF
EFB Steglitz
Jugendamt
Mittelstr. 5, 12167 Berlin
Tel. (0 30) 9 02 99 25 01

EFB Zehlendorf
Jugendamt
Königin-Luise-Str. 88
14195 Berlin
Tel. (0 30) 9 02 99 84 01

DRK Berlin Süd-West
Behindertenhilfe gGmbH
Erziehungs- und Familien-
beratung im Haus
der Familie
Düppelstr. 36, 12163 Berlin
Tel. (0 30) 7 90 11 30

TEMPELHOF – SCHÖNEBERG
EFB *Jugendamt*
Sponholzstr. 15, 12159 Berlin
Tel. (0 30) 75 60 78 30

Evangelische Beratungsstelle
für Erziehungs-, Jugend-,
Paar- und Lebensfragen
Diakonisches Werk
Tempelhof-Schöneberg e. V.
Goetzstr. 24e, 12099 Berlin
Tel. (0 30) 75 75 02 70

Familienberatung im Nach-
barschafts- und Familien-
zentrum
Pestalozzi-Fröbel-Haus
Belziger Str. 12–14
10823 Berlin
Tel. (0 30) 7 88 54 64

NEUKÖLLN
EFB
Jugendamt
> Saltykowstr. 8
12053 Berlin
Tel. (0 30) 68 09 23 26
> Blaschkoallee 32
12359 Berlin
Tel. (0 30) 68 09 12 42
> Lipschitzallee 72
12353 Berlin
Tel. (0 30) 60 31 027

Jugend- und Familienbera-
tungsstelle
Arbeiterwohlfahrt Berlin
Kreisverband Südost e. V.
Bruno-Bauer-Str. 10
12051 Berlin
Tel. (0 30) 8 21 99 45

TREPTOW – KÖPENICK
EFB Treptow
Jugendamt
Südostallee 134, 12487 Berlin
Tel. (0 30) 61 72 4744

EFB Köpenick
Jugendamt
Friedrichshagener Str. 8
12555 Berlin
Tel. (0 30) 61 72 38 00

CON-RAT FRÖBEL e. V.
Altheider Str. 31, 12489 Berlin
Tel. (0 30) 67 89 33 73

MARZAHN – HELLERSDORF
EFB Marzahn
Jugendamt
> Landsberger Allee 563
12679 Berlin
Tel. (0 30) 9 31 11 48
> Golliner Str. 4, 12689 Berlin
Tel. (0 30) 9 31 11 48

EFB Hellersdorf
Jugendamt
Etkar-Andre-Str.8
12619 Berlin
Tel. (0 30) 9 02 93 33 00

SOS-Familienzentrum Berlin
SOS Kinderdorf e. V.
Alte Hellersdorfer Str. 77
12629 Berlin
Tel. (0 30) 5 68 91 00

Evangelische Beratungsstelle Marzahn
Beratung und Lebenshilfe e. V.
Basdorfer Str. 8, 12679 Berlin
Tel. (0 30) 9 35 20 63

LICHTENBERG

EFB Lichtenberg
Jugendamt
Erieseering 4, 10319 Berlin
Tel. (0 30) 5 58 92 64

EFB Hohenschönhausen
Jugendamt
Zum Hechtgraben 1
13051 Berlin
Tel. (0 30) 9 71 13 96

Familie im Zentrum
EJF-Lazarus gAG
> Rudolf-Seiffert-Str. 50a
10369 Berlin
Tel. (0 30) 9 78 70 00
> Nöldnerstr. 43, 10317 Berlin
Tel. (0 30) 5 22 06 49

REINICKENDORF

EFB
Jugendamt
> Lübener Weg 26
13407 Berlin
Tel. (0 30) 41 92 63 49
> Wilhelmsruher Damm 124
13439 Berlin
Tel. (0 30) 41 92 63 49

EFB
Diakonisches Werk im Kirchenkreis Reinickendorf und Deutscher FamilienVerband Landesverband Berlin e. V.
Wilhelmsruher Damm 159
13439 Berlin
Außensprechstunde:
Markstr. 4
13409 Berlin
Tel. (0 30) 4 15 25 73

Beratung und Anlaufstellen in Krisensituationen

Berliner Kinderschutz-Hotline
Tel. (0 30) 61 00 66

Kindernotdienst
Tel. (0 30) 61 00 61
www.kindernotdienst.de

Jugendnotdienst
Tel. (0 30) 61 00 62
www.jugendnotdienst.de

Mädchennotdienst
Tel. (0 30) 61 00 63
www.maedchennotdienst.de

Kinderschutz- und Krisentelefon Charlottenburg
Montag bis Freitag von
8 bis 18 Uhr
Tel. (0 30) 90 29 - 15 555

Krisentelefon Friedrichshain-Kreuzberg
Montag bis Freitag von
8 bis 18 Uhr
Tel. (0 30) 90 29 - 85 555

Krisentelefon-Lichtenberg
Montag bis Freitag von
8 bis 18 Uhr
Tel. (0 30) 90 29 6 - 55 555

Krisentelefon Marzahn-Hellersdorf
Montag bis Freitag von
8 bis 18 Uhr
Tel. (0 30) 90 29 3 - 55 55

Kinderschutz-Hotline Berlin-Mitte
Montag bis Freitag von
8 bis 18 Uhr
Tel. (0 30) 20 09 - 55 555

Zentrales Krisentelefon für Kinder in Not Neukölln
Tel. (0 30) 68 09 - 55 555

Kinder und Jugendliche in Not für Pankow
Montag bis Freitag von
8 bis 18 Uhr
Tel. (0 30) 9 02 95 - 55 55

Krisendienst-Kinderschutz Reinickendorf
Montag bis Freitag von
8 bis 18 Uhr
Tel. (0 30) 9 02 94 - 55 55

Krisendienst im Jugendamt Spandau
Von 8 bis 18 Uhr
Tel. (0 30) 9 02 79 - 55 55

Bezirklicher Krisendienst Kinderschutz Steglitz Zehlendorf
Montag bis Freitag von
8 bis 18 Uhr
Tel. (0 30) 9 02 99 - 55 55

Krisentelefon für Kinder in Not
Tempelhof-Schöneberg
Montag bis Freitag von
8 bis 18 Uhr
Tel. (0 30) 9 02 77 - 55 55

Krisentelefon Treptow-Köpenick
Montag bis Freitag von 8 bis 18 Uhr
Tel. (0 30) 9 02 97 - 5 55 55
Fax (0 30) 9 02 97 - 49 00
E-Mail Kinderschutz@ba-tk.berlin.de

Informations- und Beratungsstellen bei speziellen Problematiken

Gangway e. V.
Schumannstr. 5, 10117 Berlin
Tel. (0 30) 2 83 02 30
E-Mail info@gangway.de
www.gangway.de

Offroad Kids gGmbH
Karl-Liebknecht-Str. 9
10178 Berlin
Tel. (0 30) 24 63 86 33
www.offroadkids.de

Hinausreichende Jugendarbeit/ Sportjugend Berlin
Frankfurter Allee 276
10317 Berlin
Tel. (0 30) 5 25 10 11
E-Mail Hinju-Li.berg.SJB@web.de
www.sportjugend-berlin.de

Treberhilfe Berlin gGmbH
Hauptstr. 9, 10827 Berlin
Tel. (0 30) 78 79 09 - 0
Fax (0 30) 78 79 09 - 55
www.treberhilfe.de

Deutscher Kinderschutzbund
Landesverband Berlin e. V
Malplaquetstr. 38
13347 Berlin
Tel. (0 30) 45 80 29 31
Fax (0 30) 45 80 29 32
E-Mail info@kinderschutz-bund-berlin.de
www.kinderschutzbund-berlin.de

Arbeitskreis Neue Erziehung e. V.
Interkulturelle Familienberatung
Boppstr. 10, 10967 Berlin
Tel. (0 30) 25 90 06 28

BRANDENBURG

Landesjugendamt
Hans-Wittwer-Str. 6
16321 Bernau
Tel. (0 33 38) 70 18 01
Fax (0 33 38) 70 18 02
E-Mail poststelle@lja.brandenburg.de
www.lja.brandenburg.de

Stadtjugendamt Potsdam
Friedrich-Ebert-Str. 79/81
14461 Potsdam
Tel. (03 31) 28 9 - 0
Fax (03 31) 2 89 - 22 53
E-Mail jugendamt@rathaus.potsdam.de
www.potsdam.de

Erziehungs- und Familienberatung (EFB)

Erziehungs- und Familienberatung des Caritasverbandes
Plantagenstr. 23/24
14482 Potsdam
Tel. (03 31) 71 02 98

Erziehungs- und Familienberatung des Diakonischen Werkes
Lindenstr, 56, 14467 Potsdam
Tel. (03 31) 280 73 20

Psychologisch-Psychotherapeutische Ambulanz der Universität Potsdam
Gutenbergstr. 67
14467 Potsdam
Tel. (03 31) 2 75 50 84

Beratung und Anlaufstellen in Krisensituationen

Krisentelefon Jugendnotdienst Potsdam
Werktags von 8:30 bis 18 Uhr
Tel. (03 31) 2 89 22 91

Kinder- und Jugendnotdienst »Fluchtpunkt«
Tel. (03 31) 29 18 89

Informations- und Beratungsstellen bei speziellen Problematiken

Jugendkultur- und Familienzentrum »Lindenpark«
Stahnsdorfer Str. 76-78
14482 Potsdam
Tel. (03 31) 7 47 97 - 0
Fax (03 31) 7 47 97 - 44
E-Mail lindenpark@stiftung-spi.de
www.lindenpark.de

Diakonisches Werk Potsdam e. V.
Wildwuchs Streetwork
Posthofstr. 9
14467 Potsdam

Tel. (03 31) 7 40 72 60
Fax (03 31) 7 40 72 64
E-Mail streetwork@
wildwuchs-potsdam.de
www.wildwuchs-potsdam.de

Stadtjugendring
Potsdam e. V.
Haus der Jugend
Schulstr. 9, 14482 Potsdam
Tel. (03 31) 5 81 32 03
Fax (03 31) 5 81 32 04
E-Mail sjr@madstop.de
www.stadtjugendring-potsdam.de

»Chill out« – Die Beratungs- und Suchtpräventionsfachstelle Potsdam
Schulstr. 9, 14482 Potsdam
www.chillout-pdm.de

BREMEN

Landesjugendamt Bremen
Abteilung »Junge Menschen und Familie«
Contrescarpe 72
28195 Bremen
Tel. (04 21) 3 61 – 3 61 45 82
Fax (04 21) 3 61 – 21 55
E-Mail landesjugendamt@
soziales.bremen.de
www.jugendinfo.de/landesjugendamt

Jugendamt Bremen
Hans-Böckler-Str. 9
28217 Bremen
Tel. (04 21) 3 61 – 1 68 62
Fax (04 21) 3 61 – 85 53
E-Mail office@
afsd.bremen.de
www.bremen.de

Erziehungs- und Familienberatung (EFB)

Amt für Soziale Dienste – EFB Bremen-Ost
Wilhelm-Leuschner-Str. 27
28329 Bremen
Tel. (04 21) 3 61 – 34 05
Fax (04 21) 3 61 – 5 97 87

Amt für Soziale Dienste – EFB Bremen-Süd
Große Sortillienstr. 2–18
28199 Bremen
Tel. (04 21) 36 17 99 40
E-Mail erziehungsberatungsstelle-sued@afsd.
bremen.de

Amt für Soziale Dienste – EFB Bremen-Nord
Am Sedanplatz 7
28757 Bremen
Sozialverwaltungszentrum
Tel. (04 21) 3 61 – 78 00
Fax (04 21) 3 61 – 7 95 06
E-Mail
erziehungsberatungsstelle-
nord@afsd.bremen.de

Amt für Soziale Dienste – EFB Bremen-Mitte-West
Doventorscontrescarpe 172
28195 Bremen
Tel. (04 21) 3 61 – 1 69 40
Fax (04 21) 3 61 – 1 60 18

Beratung und Anlaufstellen in Krisensituationen

Eltern-Stress-Telefon
Tel. (04 21) 70 00 37

Informations- und Beratungsstellen bei speziellen Problematiken

Jugendmigrationsdienst
Caritasverband für das Dekanat Bremen-Nord e. V.
Gerhard-Rohlfs-Str. 17/18
28757 Bremen
Tel. (04 21) 66 07 70
Fax (04 21) 66 07 75 5
E-Mail info@caritas-bremen-nord.de
www.caritas-bremen-nord.de

Deutsche Kinderschutzbund
Landesverband Bremen e. V.
Humboldtstr. 179
28203 Bremen
Tel. (04 21) 7 90 89 46
Fax (04 21) 70 46 79
E-Mail
info@dksb-bremen.de
www.dksb-bremen.de

Comeback GmbH – ambulante Drogenhilfe
Bahnhofsplatz 29
28195 Bremen
Tel. (04 21) 4 60 06 00
E-Mail alfred.liebig@
comebackgmbh.de
www.comebackgmbh.de

Evangelische Jugend Bremen
Hollerallee 75, 28209 Bremen
Tel. (04 21) 3 46 15 51
E-Mail jugendbildung.forum
@kirche-bremen.de
www.evangelischejugend-bremen.de

VAJA e. V. – akzeptierende Jugendarbeit
Eduard-Grunow-Str. 24
28203 Bremen
Telefon (04 21) 7 62 66
E-Mail
info@vaja-bremen.de
www.vaja-bremen.de

HAMBURG

Landesjugendamt
Adolph-Schönfelder-Str. 5
22083 Hamburg
Postfach 760106, 22051
Hamburg
Tel. (0 40) 4 28 63 – 0
Fax (0 40) 4 28 63 – 34 46
www.hamburg.de

Jugendamt Hamburg-Mitte
Klosterwall 8, 20095 Hamburg
Tel. (0 40) 4 28 54 – 45 75
Fax (0 40) 4 28 54 – 28 59

Jugendamt Hamburg-Altona
Platz der Republik 1,
22758 Hamburg
Tel. (0 40) 4 28 11 – 1
Fax (0 40) 4 28 11 – 32 22

Jugendamt Hamburg-Bergedorf
Herzog-Carl-Friedrich-Platz 1
21031 Hamburg
Tel. (0 40) 4 28 91 – 0
Fax (0 40) 4 28 91 – 30 50

Jugendamt Hamburg-Eimsbüttel
Grindelberg 62–66
20144 Hamburg
Tel. (0 40) 4 28 01 – 33 49
Fax (0 40) 4 28 01 – 34 99

Jugendamt Hamburg-Harburg
Harburger Ring 33
21073 Hamburg
Tel. (0 40) 4 28 71 – 0
Fax (0 40) 4 28 71 – 35 68

Jugendamt Hamburg-Nord
Kümmellstr. 7, 20249 Hamburg
Tel. (0 40) 4 28 04 – 0
Fax (0 40) 4 28 04 – 20 38

Jugendamt Hamburg-Wandsbek
Am Alten Posthaus 2,
22041 Hamburg
Tel. (0 40) 4 28 81–0

Informations- und Beratungsstellen bei speziellen Problematiken

Straßensozialarbeit Horn
Kroogblöcke 44
22119 Hamburg
Tel. (0 40) 6 55 14 74
E-Mail straso-horn@hamburg.de
www.straso-horn.de

Hamburgische Landesstelle für Suchtfragen e. V.
Repsoldstr. 4, 20097 Hamburg
Tel. (0 40) 2 84 99 18 – 0
E-Mail hls@suchthh.de
www.suchthh.de

Internetangebot Rauschbarometer Hamburg
www.drogenberatung-hamburg.de

Die BOJE Barmbek
Fuhlsbüttler Str. 135
22305 Hamburg
Tel. (0 40) 7 31 49 49
E-Mail beratung@dieboje.de
www.dieboje.de/barmbek

Die BOJE Eimsbüttel
Laufgraben 37,
20146 Hamburg
Tel. (0 40) 44 40 91
E-Mail kontakt@dieboje.de
www.dieboje.de/eimsbuettel

Hamburger Kinder- und Jugendhilfe e. V.
Papenstr. 84 a
22089 Hamburg
Tel. (0 40) 20 00 08 –0
E-Mail info@dont-want-spam.hakiju.de
www.hakiju.de

HESSEN

Landesjugendamt Ministerium für Arbeit, Familie und Gesundheit
Abt. II – Landesjugendamt –
Dostojewskistr. 4
65187 Wiesbaden
Tel. (06 11) 8 17 – 0
Fax (06 11) 8 17 – 32 60

Jugendamt Wiesbaden
Kurt-Schumacher-Ring 2–4
65193 Wiesbaden
Tel. (06 11) 31 – 26 38

Jugend- und Sozialamt Frankfurt am Main
Eschersheimer Landstr. 241–249
60320 Frankfurt am Main
Tel. (0 69) 21 24 49 00

Fax (0 69) 21 23 07 40
E-Mail jugend-und-sozial-amt@stadt-frankfurt.de
www.frankfurt.de

Kommunale Kinder-, Jugend- und Familienhilfe Frankfurt am Main
Große Friedberger Str. 33–35
60313 Frankfurt am Main
Tel. (0 69) 21 23 88 99
Fax (0 69) 21 23 26 89
E-Mail info.kjfh@stadt-frankfurt.de
www.kommunale.jugendhilfe.frankfurt.de

Beratung und Anlaufstellen in Krisensituationen

Kinder- und Jugendschutztelefon
Jugend- und Sozialamt
Tel. 0800 2 01 01 11
E-Mail kinder-und-jugendschutz@stadt-frankfurt.de

Informations- und Beratungsstellen bei speziellen Problematiken

Aufsuchende Jugendarbeit »Walkman« (Streetwork Bahnhof)
Kommunale Kinder-, Jugend- und Familienhilfe Frankfurt am Main
Niddastr. 49
60329 Frankfurt am Main
Tel. (0 69) 73 68 90
Fax (0 69) 24 00 57 28
E-Mail info@kjfh-walkman.de
E-Mail walkman@freenet.de
www.frankfurt.de

Jugendbüro Impuls
Kurmainzerstr. 161
65936 Frankfurt am Main
Tel. (0 69) 34 05 86 65
Fax (0 69) 34 05 86 67
E-Mail info@jugendbuero-impuls.de
www.ffm.junetz.de/impuls

Streetwork – Jugendladen Rödelheim
Alt Rödelheim 13
60489 Frankfurt am Main
E-Mail jugendladen@awo-frankfurt.de
www.awo-frankfurt.de

Jugendberatung und Jugendhilfe e.V.
Taunusstr. 33
60329 Frankfurt
Tel. (0 69) 74 34 80 – 0
www.jj-ev.de

drop in – Fachstelle Nord für Suchtfragen
Eschersheimer Landstr. 599
60433 Frankfurt am Main
Tel. (069) 9510 325-0
Fax (069) 9510 325-10
E-Mail dropin@vae-ev.de
www.dropin-frankfurt.de

MECKLENBURG-VORPOMMERN

Landesamt f. Gesundheit & Soziales Mecklenburg-Vorpommern
Abt. Jugend und Familie, Landesjugendamt
Neustrelitzer Str. 120
17033 Neubrandenburg
Tel. (03 95) 3 80 – 33 01
Fax (03 95) 3 80 – 33 02
E-Mail poststelle.lja@lagus.mv-regierung.de
www.lagus.mv-regierung.de

Jugendamt Schwerin
Amt für Jugend, Schule und Sport
Am Packhof 2-6
19053 Schwerin
Tel. (03 85) 5 45 22 06
Fax (03 85) 5 45 20 09

JUWOHRO – Jugendwohnen Hansestadt Rockstock
Warnowallee 23
18107 Rostock
Tel. (03 81) 7 69 89 62
Fax (03 81) 7 69 63 25
E-Mail juwohro@web.de
www.juwohro.de

Beratung und Anlaufstellen in Krisensituationen

Kinder- und Jugendnotdienst
Alexandrinenstr. 25
19053 Schwerin
Tel. (03 85) 7 44 03 63
Fax (03 85) 7 45 27 67
E-Mail kjnd@awo-sn.de
www.awo-mv.de

Informations- und Beratungsstellen bei speziellen Problematiken

Evangelische Jugend Schwerin
Wismarsche Str. 146
19053 Schwerin
Tel. (03 85) 7 58 29 23
Fax (03 85) 7 58 29 25
E-Mail info@ej-sn.de
www.ej-sn.de

AWO – Soziale Dienste gGmbH – Westmecklenburg
Justus-von-Liebig-Str. 29
19063 Schwerin
Tel. (03 85) 2 01 20 38
Fax (03 85) 2 01 41 47
E-Mail info@awo-schwerin.de

Deutscher Kinderschutzbund e. V. Kreisverband Schwerin
Perleberger Str. 22
19063 Schwerin
Tel. (03 85) 3 00 08 12
Fax (03 85) 3 96 83 72
E-Mail DKSB.KVSchwerin@t-online.de

Verband Sozialer Projekte Schwerin
Lübecker Str. 41
19053 Schwerin
Tel. (03 85) 51 19 62 – 0
Tel. (03 85) 51 19 62 – 18
Fax (03 85) 51 19 62 – 22
E-Mail vsp.schwerin@t-online.de
www.vsp-mv.de

Schweriner Jugendring e. V.
Dr.-Külz-Str. 3
19053 Schwerin
Tel. (03 85) 5 50 99 85
Fax (03 85) 5 50 99 84
E-Mail info@schwerinerjugendring.de
www.schwerinerjugendring.de

NIEDERSACHSEN

Niedersächsisches Landesamt für Soziales, Jugend und Familie
Am Waterlooplatz 11
30169 Hannover
Tel. (05 11) 1 06 – 0
Fax (05 11) 1 06 – 75 22
www.soziales.niedersachsen.de

Jugendamt Hannover
Fachbereich Jugend und Familie
Ihmeplatz 5
30449 Hannover
Tel. (0511) 16 84 27 86
www.hannover.de

Kommunaler Sozialdienst
Ihmeplatz 5
30449 Hannover
Tel. (05 11) 1 68 – 4 27 86
Fax (05 11) 1 68 – 4 55 00
E-Mail 51.2ksd@hannover-stadt.de

Erziehung- und Familienberatung

AWO Familien- und Sozialberatungsstelle
Marienstr. 20
30171 Hannover
Tel. (05 11) 26 09 21 – 0
Fax (05 11) 26 09 21 – 99
E-Mail familienberatung@awo-hannover.de
www.awo-hannover.de

Jugend-, Familien- und Erziehungsberatungsstellen
Abteilung jugendpsychologischer Dienst
Marienstr. 63
30171 Hannover
Tel. (05 11) 1 68 – 4 44 03
Fax (05 11) 1 68 – 4 41 38
www.hannover.de

EFB Mitte
> Am Marstall 2
30159 Hannover
Tel. (05 11) 1 68 – 4 65 22
> Odeonstr. 13
30159 Hannover
Tel. (05 11) 1 68 – 4 56 15

EFB Linden
Ihmepassage 4
30449 Hannover
Tel. (05 11) 1 68 – 4 53 29

EFB Mühlenberg
Mühlenberger Markt 1
30457 Hannover
Tel. (0511) 1 68 – 4 96 25

EFB Sahlkamp
Plauener Str. 12a
30179 Hannover
Tel. (05 11) 1 68 – 4 82 54

EFB Buchholz
Winkelriede 14
30627 Hannover
Tel. (05 11) 1 68 – 4 88 11

Beratung und Anlaufstellen in Krisensituationen

Beratungsstelle gegen sexuellen Missbrauch von Kindern & Jugendlichen
Team Fachdienste für Jugendhilfe
Fachbereich Jugend
Haus der Region
Hildesheimer Str. 20
30169 Hannover
Tel. (05 11) 6 16 – 2 21 60
E-Mail BSt-missbrauch@region-hannover.de

Notfalltelefon der Jugendgruppe POC e. V.
Tel. (05 11) 5 43 41 67
Jugendgruppe POC e. V.
Auf der Höhe 6, 30926 Seelze
www.jgpoc.de

Kinder- und Jugendpsychiatrischer
Fachdienst in der Jugendhilfe
Winkelriede 14
30627 Hannover
Tel. (05 11) 1 68 - 4 53 46

Beratungstelefon für Kinder, Jugendliche, Eltern und pädagogische Fachkräfte
Tel. (05 11) 1 68 - 4 90 00

Telefon der Eltern-Trennungsberatung
Tel. (05 11) 1 68 - 4 63 83

Informations- und Beratungsstellen bei speziellen Problematiken

Verein für Erlebnispädagogik und Jugendsozialarbeit e. V.
Klaus-Müller-Kilian-Weg 2
30167 Hannover
Tel. (05 11) 1 69 10 01
Fax (05 11) 1 69 10 02
E-Mail info@vej.de

Mädchenhaus Hannover
Färberstr. 8, 30453 Hannover
Tel. (05 11) 44 08 57
Fax (05 11) 4 58 44 68

DROBS Hannover Jugend- und Suchtberatungszentrum
Odeonstr. 14
30159 Hannover
E-Mail drobs.hannover@step-hannover.de
www.drobs-hannover.de

La Strada - Anlauf- und Beratungsstelle für drogenabhängige Mädchen und Frauen
Escherstr. 25
30159 Hannover
Tel. (05 11) 1 40 - 23, - 33
Fax (05 11) 1 40 - 07
E-Mail info@la-strada-hannover.de

Arbeitsgemeinschaft für Wohngruppen und sozialpädagogische Hilfen Hannover e. V.
Beratungs- und Geschäftsstelle
Hamburger Allee 49
30161 Hannover
Tel. (05 11) 60 06 03 30
Fax (05 11) 60 06 03 38
E-Mail info@afw-region-hannover.de

NORDRHEIN-WESTFALEN

Landesjugendamt Nordrhein-Westfalen
Landschaftsverband Rheinland
Dezernat Schulen und Jugend - Landesjugendamt -
Hermann-Pünder-Str. 1
50679 Köln
Tel. (02 21) 8 09 - 0
Fax (0221) 8 09 - 62 18
www.lvr.de/jugend

Landesjugendamt Nordrhein-Westfalen
Landschaftsverband Westfalen-Lippe
LWL - Landesjugendamt Westfalen
Warendorfer Str. 25, 48145 Münster
Tel. (02 51) 5 91 - 01
Fax (02 51) 5 91 - 2 75
www.lwl.org/LWL/Jugend/Landesjugendamt

Landeshauptstadt Düsseldorf
- Jugendamt -
Willi-Becker-Allee 7
40474 Düsseldorf
Tel. (02 11) 89 - 9 51 01
Fax (02 11) 89 - 2 91 02
E-Mail jugendamt@stadt.duesseldorf.de
Internet: www.duesseldorf.de

Erziehungs- und Familienberatung

Erziehungsberatungsstelle Eller
Schlossallee 12 c
40229 Düsseldorf
Tel. (02 11) 6 00 25 - 3 63
Fax (0211) 6 00 25 - 3 65
E-Mail eb.eller@awo-duesseldorf.de

Katholische Beratungsstelle für Ehe-, Familien- und Lebensfragen
Klosterstr. 86
40211 Düsseldorf
Tel. (02 11) 17 93 37 - 0
Fax (02 11) 17 93 37 - 29

E-Mail info@
efl-duesseldorf.de
www.efl-duesseldorf.de

Evangelische Beratungsstelle
Benrather Str. 7
40213 Düsseldorf
Tel. (02 11) 8 66 04 - 0
Fax (02 11) 8 66 04 - 10
E-Mail eb.altstadt@
diakonie-duesseldorf.de

Beratung und Anlaufstellen in Krisensituationen

Wohn- und Betreuungsverzeichnis für junge Menschen
www.lvr.de/app/heim

Nottelefon des Jugendamtes Düsseldorf
Tel. (02 11) 8 99 24 00

Amt für Kinder, Jugend und Familie - Köln
Kalk Karree, Ottmar-Pohl-Platz 1, 51103 Köln
Tel. (02 21) 2 21 - 0
Fax (02 21) 2 21 - 2 55 99
E-Mail jugendamt@
stadt-koeln.de
www.stadt-koeln.de

Informations- und Beratungsstellen bei speziellen Problematiken

Überlebensstation GULLIVER
Trankgasse 20, Bahnbogen 1
50667 Köln
Tel. (0221) 1 20 60 91
Fax (0221) 1 20 61 05

KALZ - Kölner Arbeitslosenzentrum e. V.
Hans-Böckler-Platz 1
50672 Köln
Tel. (02 21) 5 46 10 72
Fax (02 21) 5 46 10 74

Auf Achse gGmbH
Büro, Gereonshof 36
50670 Köln
Tel. (02 21) 9 14 09 28 - 0
Fax (02 21) 9 14 09 28 - 10
E-Mail info@auf-achse.de
www.auf-achse.de

Looks e. V. - Hilft Jungs, die anschaffen
Pipinstr. 7, 50667 Köln
Tel. (02 21) 2 40 56 50
Fax (02 21) 2 40 56 50
E-Mail info@looks-ev.de
www.looks-ev.de

TrebeCafé der Diakonie Düsseldorf
Kölner Str. 148
40227 Düsseldorf
Tel. (02 11) 6 01 53 31
Fax (02 11) 60 18 78 52
E-Mail info@trebe-cafe.de
www.trebe-cafe.de

RHEINLAND-PFALZ

Landesamt für Soziales, Jugend und Versorgung
Rheinallee 97-101
55118 Mainz
Landesjugendamt
Tel. (0 61 31) 9 67 - 0
Fax (0 61 31) 9 67 - 3 65
www.lsjv.rlp.de

Stadtverwaltung Mainz
- Amt für Jugend und Familie -
Stadthaus, Lauteren-Flügel
Kaiserstr. 3-5, 55116 Mainz
Tel. (0 61 31) 12 - 27 53 und - 27 54
Fax (0 61 31) 12 - 35 68 und - 36 72
E-Mail jugendamt@
stadt.mainz.de
www.mainz.de

Erziehungs- und Familienberatung

Evangelische Erziehungsberatungsstelle
Kaiserstr. 37, 55116 Mainz
Tel. (0 61 31) 96 55 40
Fax (0 61 31) 96 55 49
E-Mail
info@erziehungsberatung-mainz.de
www.erziehungsberatung-mainz.de

Integrierte Ehe-, Familien-, Lebens- und Erziehungsberatungsstelle des
Caritasverbands Mainz e. V.
Lotharstr. 11, 55116 Mainz
Tel. (0 61 31) 90 74 60
beratungszentrum@
caritas-mz.de

Integrierte Ehe-, Familien-, Lebens- und Erziehungsberatungsstelle
Deutschen Kinderschutzbunds Mainz e.V.
Ludwigstr. 7, 55116 Mainz
Tel. (0 61 31) 61 41 91
E-Mail geschäftsstelle@
kinderschutzbund-mainz.de

Beratung und Anlaufstellen in Krisensituationen

Telefonseelsorge Mainz-Wiesbaden e. V.
Tel. 0800 1 11 01 11
E-Mail info@Tel.seelsorge-mz-wi.de
www.Tel.seelsorge-mz-wi.de

Informations- und Beratungsstellen bei speziellen Problematiken

Frauenzentrum Mainz e. V.
Walpodenstr.10, 55116 Mainz
Tel. (0 61 31) 22 12 63
Fax (0 61 31) 22 92 22
E-Mail fz@frauenzentrum-mainz.de
www.frauenzentrum-mainz.de

Café Balance
Augustusstr. 29a
55131 Mainz
Tel. (0 61 31) 57 47 84
Fax (0 61 31) 57 49 83
E-Mail balance@cafe-balance.de
www.cafe-balance.de

Jugend- und Drogenberatung Brücke
Münsterstr. 31, 55116 Mainz
Tel. (0 61 31) 23 45 77
E-Mail beratungsstelle@bruecke.mainz.de

Start-Hilfe
Beratung für Menschen ohne Wohnung
Adolf-Kolping-Str. 15
55116 Mainz
Tel. (0 61 31) 22 77 74
Fax (0 61 31) 28 09 15
E-Mail starthilfe@plh.de
www.plh.de

Drobs – Jugend- und Drogenberatung
Rizzastr. 14, 56068 Koblenz
Tel. (02 61) 1 23 20

SAARLAND

Ministerium für Bildung, Familie, Frauen und Kultur
Landesjugendamt
Hohenzollernstr. 60
66117 Saarbrücken
Tel. (06 81) 5 01 - 20 81
Fax (06 81) 5 01 - 34 16
www.landesjugendamt.saarland.de

Jugendamt des Stadtverbandes Saarbrücken
Heuduckstr. 1
66117 Saarbrücken
Tel. (06 81) 5 06 - 0
www.stadtverband-saarbruecken.de

Regionalverband Saarbrücken Sozialer Dienst
Heuduckstr. 1
66117 Saarbrücken
Tel. (06 81) 5 06 - 51 20
Fax (06 81) 5 06 - 51 90

Erziehungs- und Familienberatung

Beratungsstelle des Caritasverbands für Saarbrücken und Umgebung e. V.
Kantstr. 14
66111 Saarbrücken
Tel. (06 81) 30 90 60

Evangelische Beratungsstelle für Erziehungs-, Ehe- und Lebensfragen
Heinestr. 11
66121 Saarbrücken
Tel. (06 81) 6 57 22

Beratung und Anlaufstellen in Krisensituationen

Gesundheitsamt – Sozialpsychiatrischer Dienst
Malstatter Str. 17
66117 Saarbrücken
Tel. (06 81) 58 65 - 4 53

Jugendserver-Saar
E-Mail info@jugendserver-saar.de
www.jugendserver-saar.de

Informations- und Beratungsstellen bei speziellen Problematiken

Ambulante Jugendhilfe
(Diakonisches Werk an der Saar)
Ottstr. 30, 66115 Saarbrücken
Tel. (06 81) 7 70 34

Familienzentrum Saarbrücken-Ost/Obere Saar
Am Kieselhumes 6-8
66121 Saarbrücken
Tel. (06 81) 9 58 27 - 0
Fax (06 81) 9 58 27 - 13
E-Mail fz-sb-ost-obere-saar@dwsaar.de
www.dwsaar.de

DRK-Beratungszentrum – Streetwork
Vollweidstr. 2
66115 Saarbrücken
Tel. (06 81) 9 76 42 - 69
Fax (06 81) 9 76 42 - 90

SACHSEN

Sächsisches Staatsministerium für Soziales Landesjugendamt
Parkstr. 28, 09120 Chemnitz
Tel. (03 71) 24 08 11 00
Fax (03 71) 24 08 11 99
E-Mail landesjugendamt@lja.sms.sachsen.de
www.slfs.sachsen.de/

Jugendamt Dresden
Dr.-Külz-Ring 19, Raum 3/161
01067 Dresden
Tel. (0351) 4884741
Fax (0351) 4884603
jugendamt@dresden.de

Erziehungs- und Familienberatung (EFB) – *Kommunale Beratungsstellen*
www.dresden.de

EFB Ost
Burgenlandstr.19
01279 Dresden
Tel. (03 51) 2 57 10 43

EFB Süd
August-Bebel-Str. 29
01219 Dresden
Tel. (03 51) 4 77 74 14

EFB Mitte
Dürerstr. 88, 01309 Dresden
Tel. (03 51) 44 79 60

EFB Nord
Bautzner Str. 125
01097 Dresden
Tel. (03 51) 81 65 00

EFB West
Braunsdorfer Str. 13
01157 Dresden
Tel. (03 51) 4 24 03 54

Beratung und Anlaufstellen in Krisensituationen

Kinder- und Jugendnotdienst Dresden
Tel. (03 51) 2 75 40 04
E-Mail kinderschutz@dresden.de

Sozialpsychiatrischer Dienst Dresden
Braunsdorfer Str. 13
01159 Dresden
Tel. (03 51) 4 24 03 41
Fax (03 51) 4 24 03 44
E-Mail gesundheitsamt@dresden.de

Telefonischer Krisendienst Dresden
Tel. (03 51) 8 04 16 16

Krisentelefon der Anonymen Mädchenzuflucht
Tel. (03 51) 2 51 99 88

Informations- und Beratungsstellen bei speziellen Problematiken

Jugend- und Drogenberatungsstelle
Wiener Str. 41, 01219 Dresden
Tel. (03 51) 42 77 30
E-Mail
info@drogenberatung-dresden.de

Anonyme Zuflucht für Mädchen und junge Frauen
Wiener Str. 41, 01219 Dresden
Tel. (03 51) 2 51 99 88
Fax (03 51) 2 59 63 94
E-Mail zufluchtdd@gmx.de
www.maedchenzuflucht-dresden.de

Treberhilfe Dresden e.V.
Albertstr. 32, 01097 Dresden
Tel. (03 51) 8 03 65 81
Fax (03 51) 8 04 89 33
E-Mail info@treberhilfe-dresden.de

Lindenhaus der Dresdner Tafel e.V.
Freizeitarbeit für junge Erwachsene von 18 bis 25 Jahren und Notübernachtung in Wintermonaten
Mathildenstr. 15
01069 Dresden
Tel. (03 51) 2 13 66 0
Fax (03 51) 2 13 66 113
E-Mail dresdner-tafel@dial-ddkom-online.de

RAA Sachsen e.V. – Beratungsstelle *für Betroffene rechter und fremdenfeindlicher Gewalt*
Bautzner Str. 45
01099 Dresden
Tel. (03 51) 8 89 41 74
Fax (03 51) 8 89 41 93
E-Mail opferberatung.dresden@raa-sachsen.de
www.raa-sachsen.de

SACHSEN-ANHALT

Landesverwaltungsamt
Referat Jugend
Landesjugendamt
Ernst-Kamieth-Str. 2
06122 Halle
Tel. (03 45) 5 14 - 0
Fax (03 45) 5 14 - 16 25
www.sachsen-anhalt.de

Jugendamt Magdeburg
Jugendamt Sozialzentrum I (Nord)
Lübecker Str. 32
39124 Magdeburg
Tel. (03 91) 5 40 60 92
Fax (03 91) 5 40 61 04
E-Mail Jugendamt.SZ1@jga.magdeburg.de

Jugendamt Außenstelle Katzensprung
Katzensprung 2
39104 Magdeburg
Tel. (03 91) 5 40 - 23 13
Fax (03 91) 5 40 - 23 55
E-Mail Jugendamt.SZ2@jga.magdeburg.de

Jugendamt Sozialzentrum III (Olvenstedt)
Bruno-Beye-Ring 50
39130 Magdeburg
Tel. (03 91) 5 40 49 71
Fax (03 91) 5 40 49 88
E-Mail Jugendamt.SZ3@jga.magdeburg.de

Jugendamt Sozialzentrum IV (Süd/Stadtfeld)
Wilhelm-Höpfner-Ring 4
39116 Magdeburg
Tel. (03 91) 5 40 - 31 33
Fax (03 91) 5 40 - 31 17
E-Mail Jugendamt.SZ4@jga.magdeburg.de

Jugendamt Sozialzentrum V (Südost)
Bertolt-Brecht-Str. 16
39120 Magdeburg
Tel. (03 91) 6 24 51 - 0
Fax (03 91) 6 24 51 - 30
Jugendamt.SZ5@jga.magdeburg.de

Erziehungs- und Familienberatung

Magdeburger Stadtmission e. V. Ehe-, Erziehungs-, Lebens- und Schwangerschaftskonfliktberatungsstelle
Leibnizstr 48
39104 Magdeburg
Tel. (03 91) 5 32 49 13
Fax (03 91) 5 32 49 15
E-Mail MagdeburgerStadtmission@t-online.de

Evangelische Beratungsstelle für Erziehungs-, Ehe-, Familien- und Lebensberatung
Kleine Märkerstr. 1
06108 Halle/Saale
Tel. (03 45) 2 03 10 16
Fax (03 45) 2 08 00 72
E-Mail ev-beratungstelle@jw-bauhof.de

Informations- und Beratungsstellen bei speziellen Problematiken

DROBS Halle - Jugend- und Drogenberatungsstelle
Moritzzwinger 17
06108 Halle/Saale
Tel. (03 45) 5 17 04 01
Fax (03 45) 5 17 04 02
E-Mail info@drobs-halle.de
www.drobs-halle.de

DROBS Magdeburg
Umfassungsstr. 82
39124 Magdeburg
Tel. (03 91) 2 52 70 96
Fax (03 91) 5 44 16 83
E-Mail info@drobs-magdeburg.de
www.drobs-magdeburg.de

S.C.H.I.R.M. - Projekt
Rudolf-Ernst-Weise-Str. 8
06112 Halle/Saale
Tel. (03 45) 29 98 99 65
Fax (03 45) 29 98 99 61
E-Mail schirm-projekt@web.de
www.schirm-projekt.de

Rückenwind e.V.
Familienzentrum »Malzmühle«
Am Malzmühlenfeld 43
39218 Schönebeck
Tel. (0 39 28) 4 21 49 80
Fax (0 39 28) 4 21 49 90
E-Mail info@rueckenwind-schoenebeck.de
www.rueckenwind-schoenebeck.de

Beratungsstelle ProMann
Weststr. 12, 39104 Magdeburg
Tel. (03 91) 7 21 74 41
Fax (03 91) 7 21 74 42
www.promann.de

SCHLESWIG-HOLSTEIN

Landesjugendamt
Adolf-Westphal-Str. 4
24143 Kiel
Tel. (04 31) 9 88 - 0
Fax (04 31) 9 88 - 26 18
www.schleswig-holstein.de

Jugendamt Kiel
Andreas-Gayk-Str. 31
24103 Kiel
Tel. (04 31) 9 01 - 29 96
Fax (04 31) 9 01 - 6 29 40

Erziehungsberatungsstellen
E-Mail familie.soziales@
kiel.de www.kiel.de

Erziehungsberatung Mitte
Rathausstr. 14, 24103 Kiel
Tel. (04 31) 9 42 32

Erziehungsberatung Nord
Esmarchstr. 21, 24105 Kiel
Tel. (04 31) 80 53 73

Erziehungsberatung Nord-Ost
Johannisburger Str. 10
24149 Kiel
Tel. (04 31) 20 53 64

Erziehungsberatung Süd-Ost
Kaiserstr. 100, 24143 Kiel
Tel. (04 31) 7 09 98 20

Erziehungsberatung West
Vaasastr. 10, 24109 Kiel
Tel. (04 31) 52 80 00

Informations- und Beratungsstellen bei speziellen Problematiken

Suchtberatungsstelle
Bad Segeberg
Gartenstr. 17
23795 Bad Segeberg
Tel. (0 45 51) 8 43 58
Fax (0 45 51) 8 45 41
E-Mail sucht.se@ats-sh.de

Kinder und Jugendhilfe
Verbund gGmbH
Holtenauer Str. 82, 24105 Kiel
Tel. (04 31) 6 47 30 30
Fax (04 31) 6 47 30 40
E-Mail
info.kiel@kjhvmail.de
www.kjhv-kiel.de

Straßensozialarbeit der
AWO Südholstein
Beckergrube 95
23552 Lübeck
Tel. (04 51) 3 96 84 84
E-Mail
drogenhilfe-luebeck@
awo-sh.de
www.awo-suedholstein.de

Anonyme Drogenberatungsstelle
Wakenitzmauer 176
23552 Lübeck
Tel. (04 51) 79 98 80

Landesstelle gegen die
Suchtgefahren für
Schleswig-Holstein e. V.
Schauenburgerstr. 36
24105 Kiel
Tel. (04 31) 56 47 70

THÜRINGEN

Landesjugendamt Thüringer
Kultusministerium Referat 34
Werner-Seelenbinder-Str. 7
99096 Erfurt

Jugendamt Erfurt
Steinplatz 1, 99085 Erfurt
Tel. (03 61) 6 55 - 47 01
E-Mail Jugendamt@
Erfurt.de
www.erfurt.de

Erziehungs- und Familienberatung

Erziehungs- und Familienberatungsstelle der Stadtverwaltung Erfurt
– Jugendamt –
Lindenweg 6, 99096 Erfurt
Tel. (03 61) 3 46 58 07
www.erfurt.de

Erziehungs- und Familienberatungsstelle Arbeiterwohlfahrt Erfurt e. V.
Josef-Ries-Str. 15
99086 Erfurt
Tel. (03 61) 6 42 27 15
E-Mail eefl.ef@awo-thueringen.de

Erziehungs- und Familienberatungsstelle des Caritasverbandes für das Bistum Erfurt e. V.
– Caritasregionalstelle Erfurt –
Regierungsstr. 55
99084 Erfurt
Tel. (03 61) 5 55 33 70
E-Mail crs-ef@caritas-bistum-erfurt.de

Beratung und Anlaufstellen in Krisensituationen

Kinder-Notruf-Tel. e.V. - 0800- 1516001
Trommsdorffstr. 7
99084 Erfurt
Tel. (03 61) 6 54 73 66
E-Mail info@kindernotrufTel.de
www.kindernotrufTel.de

Kinder- und Jugendsorgentelefon des Freistaates Thüringen
Tel. 0800 0 08 00 80

Kinder- und Jugendschutzdienst Erfurt HAUT-NAH
Mainzerhofplatz 3
99085 Erfurt
Tel. (03 61) 7 36 01 24
Fax (03 61) 7 36 01 25
E-Mail hautnah@mmev.de
www.mitmenschenev.de

Informations- und Beratungsstellen bei speziellen Problematiken

Streetwork Kontaktstelle - Erfurt City
Moritzstr. 4, 99084 Erfurt
Tel. (03 61) 21 17 99 39
E-Mail streetworkerfurt@gmx.de

Musikszeneprojekt DROGERIE Drogenaufklärung und -beratung
Arndtstr.1,
99096 Erfurt
Tel. (03 61) 6 02 08 66
E-Mail info@drogerie-projekt.de
www.drogerie-projekt.de

PERSPEKTIV e.V.
Kronenburggasse 13
99084 Erfurt
Tel. (03 61) 78 92 98 91
www.maedchenwohnen.de

Stadtjugendring Erfurt e. V. KoWo-Haus der Vereine,
Johannesstr. 2, 99084 Erfurt
Tel. (03 61) 5 66 09 71
Fax (03 61) 5 66 09 72
E-Mail info@stadtjugendring-erfurt.de
www.stadtjugendring-erfurt.de

Jugendrechtshaus Erfurt
Greifswalder Str. 23
99085 Erfurt
Tel. (03 61) 6 02 06 53
Fax (03 61) 6 02 06 54
E-Mail info@jugendrechtshaus-erfurt.de
www.jugendrechtshaus-erfurt.de

Beratungsstellen Österreich

BURGENLAND

Jugendamt Eisenstadt-Stadt
Hauptstr. 35
7000 Eisenstadt
Tel. +43 (0)2682 7 05
www.eisenstadt.at

Kinderschutzzentrum Burgenland
Joseph Haydn Gasse
7000 Eisenstadt
Tel. +43 (0)2682 6 42 14
E-Mail kinderschutz-bgld@aon.at

Psychosozialer Dienst Burgenland GmbH
Franz Liszt Gasse 1
Top III
7000 Eisenstadt
Tel. +43 (0)57979 2 00 00
Fax +43 (0)57979 20 20
E-Mail office@psd-bgld.at
www.psd-bgld.at

KÄRNTEN

Jugendamt Klagenfurt
Bahnhofstr. 35, 9020 Klagenfurt
Tel. +43 (0)463 5 37 - 48 40
Fax +43 (0)463 5 37 - 62 67
E-Mail jugend@klagenfurt.at
www.klagenfurt.at

Jugendnotschlafstelle
Platzgasse 18, 9020 Klagenfurt
Tel. +43 (0)650 9 80 93 43
E-Mail notschlafstelle@gmx.at

Drogenberatung VIVA
Rudolfsbahngürtel 30
9020 Klagenfurt
Tel. +43 (0)463 5 37 - 56 51
Fax +43 (0)463 5 37 - 63 06
E-Mail drogenberatung.viva@klagenfurt.at

Kinderschutzzentrum Kärnten Verein Hilfe für Eltern und Kinder
Kumpfgasse 20
9020 Klagenfurt
Tel. +43 (0)463 5 67 67
Fax +43 (0)463 50 17 05
E-Mail
kinderschutz-zentrum.
kaernten@utanet.at
www.kinderschutzzentrum-kaernten.at

NIEDERÖSTERREICH

Jugendhilfe
Heßstr. 6, 3100 St. Pölten
Tel. +43 (0)2742 3 33 - 25 31
Fax +43 (0)2742 3 33 - 25 49
E-Mail jugendhilfe@
st-poelten.gv.at
www.st-poelten.gv.at

Suchtberatungsstelle der Caritas St. Pölten
Dr.-Karl-Renner-Promenade 12
3100 St. Pölten
Tel. +43 (0)676 83 84 43 95
E-Mail: sb.goeber@stpoelten.caritas.at

Jugendnotschlafstelle JUMP!
Austinstr. 46,
3107 St. Pölten - Viehofen
Tel. +43 (0)676 88 0 44 740

möwe-Kinderschutzzentrum St. Pölten
Wiener Str. 34, 3100 St. Pölten
Tel. +43 (0)2742 31 11 11
Fax +43 (0)2742 31 11 11/50
E-Mail ksz-stp@die-moewe.at
www.die-moewe.at

OBERÖSTEREICH

Amt für Soziales, Jugend und Familie
Hauptstr. 1-5, Neues Rathaus
4041 Linz
Tel. +43 (0)732 70 70
Fax +43 (0)732 70 70 54 27 79
www.linz.at

Kinderschutzzentrum Linz
Langgasse 10, 4020 Linz
Tel. +43 (0)732 78 16 66
Fax +43 (0)732 78 16 66 - 20
E-Mail kisz@
kinderschutz-linz.at
www.kinderschutz-linz.at

Institut für Jugend- und Familienberatung der Stadt Linz
Rudolfstr. 18, 4040 Linz
Tel. +43 (0)732 7070 2700
Fax +43 (0)732 7070 2710
E-Mail inst.fjb@mag.linz.at

Point - Beratungsstelle für Suchtfragen
Figulystr. 324020 Linz
Tel. +43 (0)732 77 08 95
E-Mail point.linz@
promenteooe.at
http://sucht.promenteooe.at

SALZBURG

Stadtjugendamt Salzburg
Saint-Julien-Str. 20
5024 Salzburg
Tel. +43 (0)662 80 72
Fax +43 (0)662 80 72
E-Mail jugendamt@stadt-salzburg.at
www.stadt-salzburg.at

KinderSchutz-Zentrum Salzburg
Rudolf-Biebl-Str. 50
5020 Salzburg
Tel. +43 (0)662 4 49 11
E-Mail
beratung@kinderschutz-zentrum.at
www.kinderschutzzentrum.at

Beratungsstellen Schweiz

(Eine Auswahl an deutschsprachigen Kantonen in der Schweiz)

ZÜRICH

Amt für Jugend und Berufsberatung Kanton Zürich (AJB)
Dörflistrasse 120, Postfach
8090 Zürich
Tel. +41 (0)43 2 59 96 00
Fax +41 (0)43 2 59 96 08
E-Mail ajb@ajb.zh.ch
www.ajb.zh.ch

Stadt Zürich
Soziale Einrichtungen und Betriebe Notschlafstelle
Rosengartenstrasse 30
8037 Zürich
Tel. +41 (0)44 2 72 14 12
Fax +41 (0)44 2 72 12 52
www.stadt-zuerich.ch

Suchtpräventionsstelle der Stadt Zürich
Röntgenstrasse 44
8005 Zürich
Tel. +41 (0)44 4 44 50 44
Fax +41 (0)44 4 44 50 33

E-Mail suchtpraevention@
zuerich.ch
www.stadt-zuerich.ch/
suchtpraevention

Stadt Zürich Jugendberatung
Streetwork
Wasserwerkstrasse 17
8006 Zürich
Telefon +41 (0)43 3 00 54 75
www.stadt-zuerich.ch

BASEL

Erziehungsdepartement des
Kantons Basel-Stadt
Abteilung Jugend- und
Familienangebote
Leimenstrasse 1, Postfach
4001 Basel
Tel. +41 (0)61 2 67 84 84
Fax +41 (0)61 2 67 84 94
E-Mail jfa@bs.ch
www.ed-bs.ch

Multikulturelle Suchtberatungsstelle beider Basel
(MUSUB)
Nauenstrasse 71, 4052 Basel
Tel. +41 (0)61 2 73 83 05
Fax +41 (0)61 2 73 83 06
E-Mail info@musub.ch
www.musub.ch

Familien- und Erziehungsberatung
Greifengasse 23, Postfach 114
4005 Basel
Tel. +41 (0)61 6 86 68 68
E-Mail familienberatung@
familienberatungbasel.ch
www.fabe.ch

Notschlafstelle Basel
Alemannengasse 1
4058 Basel
Tel. +41 (0)61 6 81 18 19
www.sozialhilfe.bs.ch

BERN

Jugendamt
Effingerstrasse 21 (»Meer-Haus«) Postfach, 3001 Bern
Tel. 031 3 21 63 83
Tel. 031 3 21 72 65
E-Mail jugendamt@bern.ch
www.bern.ch

Sleeper Notschlafstelle Bern
Neubrückstrasse 19
3098 Bern
Tel. +41 (0)31 3 01 64 04
Fax +41 (0)31 3 01 14 47
www.sleeper.ch

Erziehungsberatung Bern
Effingerstrasse 12, 3011 Bern
Tel. +41 (0)31 6 33 41 41
Fax +41 (0)31 633 41 91
E-Mail eb.bern@erz.be.ch
www.erz.be.ch

Contact Bern Berner Gruppe
für Jugend-, Eltern- und
Suchtarbeit
Monbijoustrasse 70,
3000 Bern 23
Tel. +41 (0)31 3 78 22 22
Fax +41 (0)31 2 78 22 25
E-Mail contact.bern@
contactmail.ch
www.contactnetz.ch

LUZERN

Kinder Jugend Familie –
Stadt Luzern
Hirschengraben 17
6002 Luzern
Tel. +41 (0)41 2 08 83 59
Fax +41 (0)41 2 08 81 69
www.stadtluzern.ch

Sozial-BeratungsZentrum für
Alkohol- und andere Suchtfragen Amt Luzern
Obergrundstrasse 49
6003 Luzern
Tel. +43 (0)41 2 49 30 60
Fax +43 (0)41 2 49 30 61
E-Mail luzern@sobz.ch
www.sobz.ch

Erziehungsberatung der
Stadt Luzern
Obergrundstr. 1a
6003 Luzern
Tel. +41 (0)41 2 08 89 00
Fax +41 (0)41 2 08 89 01

Obdach-Notschlafstelle
Gibraltarstrasse 29
6003 Luzern
Tel. +41 (0)41 2 40 26 25
www.jobdach.ch

ZUG

Amt für Kind Jugend Familie
Zeughausgasse 9
Postfach 1258, 6301 Zug
Tel. +41 (0)41 7 28 23 43
Fax +41 (0)41 7 28 23 49
E-Mail
kind-jugend-familie@zug.
zg.ch
www.stadtzug.ch

Suchtberatung
Aegeristrasse 56, 6300 Zug
Tel. +41 (0)41 7 28 39 39
Fax +41 (0)41 7 28 24 63
E-Mail suchtberatung@zg.ch
www.zug.ch

triangel beratungsdienste
Hertizentrum 6,
Postfach 3466, 6303 Zug
Tel. +41 (0)41 7 28 80 80
Fax +41 (0)41 7 28 80 70
E-Mail info@triangel-zug.ch
www.triangel-zug.ch

Gassenarbeit
Innere Güterstrasse 2,
6304 Zug
Tel. +41 (0)41 7 28 25 10
Fax +41 (0)41 7 28 25 20
E-Mail drogenforumzug@bluewin.ch

FREIBURG

Jugendamt Freiburg
Fachstelle für Kinder- und Jugendförderung
Pérolles 30, Postfach 29
1705 Freiburg
Tel. +41 (0)26 305 15 30
Fax +41 (0)26 305 15 59

La Tuile - Nachtaufnahmezentrum für Obdachlose
Route de Marly 25,
Postfach 252
1705 Freiburg
Tel. +41 (0)26 4 24 43 21
Fax +41 (0)26 4 24 64 06
E-Mail info@la-tuile.ch
www.la-tuile.ch

Kantonaler Kinder- und Jugendpsychiatrischer Dienst
Mazotweg 2, 1700 Freiburg
Tel. +41 (0)26 305 30 50

Suchtpräventionsstelle Freiburg
Route du Jura 29
1700 Freiburg
Tel. +41 (0)26 3 21 22 00
Fax +41 (0)26 3 21 22 02
E-Mail info@prevention-fr.ch

ST. GALLEN

Jugendsekretariat der Stadt St. Gallen
Schwertgasse 14
Postfach 345
9004 St. Gallen

Kinder- und Jugendpsychiatrische Dienste
Brühlgasse 35/37, Postfach
9004 St. Gallen
Tel. +41 (0)71 2 43 45 45
Fax +41 (0)71 2 43 45 55
E-Mail sekretariat@kjpd-sg.ch
www.kjpd-sg.ch

beratungsstelle st. gallen
Frongartenstrasse 11, Postfach 1120, 9001 St. Gallen
Tel. +41 (0)71 2 22 53 53
Fax +41 (0)71 2 22 18 30
E-Mail beratungsstelle-sg@kjh.ch
www.kjh.ch

Fachstelle für aufsuchende Sozialarbeit
Unterer Graben 14
9000 St. Gallen
Tel. +41 (0)71 2 44 84 11
Fax +41 (0)71 2 44 84 20
www.stiftung-suchthilfe.ch

SCHAFFHAUSEN

Jugendbeauftragter
Oberstadt 23
8200 Schaffhausen
Tel. +41 (0)52 6 32 52 93
www.stadt-schaffhausen.ch

Fachstelle für Gesundheitsförderung, Prävention und Suchtberatung
Neustadt 17
8200 Schaffhausen
Tel. +41 (0)52 6 33 60 10
E-Mail info@vjps.ch
www.vjps.ch

Fachgruppe Kindesschutz
Sozialdienst des Erziehungsdepartementes des Kantons Schaffhausen
Beckenstube 6
8200 Schaffhausen
Tel. +41 (0)52 6 32 75 04
Fax +41 (0)52 6 32 75 04

Kinder- und Jugendpsychiatrischer Dienst (KJPD)
Promenadenstrasse 21
8200 Schaffhausen
Tel. +41 (0)52 6 30 01 60
info@kjpdsh.ch
www.kjpdsh.ch

AARAU

Soziale Dienste der Stadt Aarau
Poststrasse 17, Postfach 3902
5001 Aarau
Tel. +41 (0)62 8 36 05 83
Fax +41 (0)62 8 36 06 78
sozialedienste@aarau.ch
www.aarau.ch

Jugendkoordination der Stadt Aarau
Poststrasse 17, 5001 Aarau
Tel. +41 (0)62 8 36 06 71
www.jugendkoordination-aarau.ch

Jugendkulturhaus Flösserplatz
Flösserstrasse 7, 5000 Aara
Tel. +41 (0)62 8 24 20 10
Fax +41 (0)62 8 24 67 39
E-Mail info@floesserplatz.ch
www.floesserplatz.ch

ags – Suchtberatung Bezirke Aarau & Kulm
Metzgergasse 2, 5000 Aarau
Tel. +41 (0)62 8 37 60 40
aarau@suchthilfe-ags.ch
www.suchthilfe-ags.ch

THURGAU

Abteilung Soziales
Rheinstrasse 6, Postfach 774
8501 Frauenfeld
Tel. +41 (0)52 7 24 54 17
Fax +41 (0)52 7 24 54 47
www.frauenfeld.ch

Perspektive – Fachstellen Westthurgau
Oberstadtstrasse 6
Postfach 70
8501 Frauenfeld
Tel. +41 (0)52 7 25 02 02
Fax +41 (0)52 7 25 02 09
info@perspektive-wtg.ch

Schulische Sozialarbeit
Algisserstrasse 20
8500 Frauenfeld
Tel. +41 (0)52 7 28 95 80

Beratungsstelle für Alkohol und Drogenprobleme
Oberstadtstrasse 6
8500 Frauenfeld
Tel. +41 (0)52 7 21 17 45

Register

Bildnachweis

Fotos: RTL, außer:

Coverfoto und Klappenfotos: Thomas Köhler
Seiten 2/3: René Niemann
Seite 4: Thomas Sonnenburg
Seite 10: Stefan Gregorowius
Seite 16: links – Thomas Sonnenburg
rechts – Michael Döring
Seite 21: Stefan Gregorowius
Seite 28: links – Thomas Sonnenburg
Mitte – Stefan Gregorowius
rechts – Stefan Gregorowius
Seite 41: links – Thomas Sonnenburg
rechts – Stefan Gregorowius
Seite 61: Carola Lenski
Seite 81: Thomas Sonnenburg
Seite 103: Simone Winkelmann
Seite 116: links – Thomas Balzer
Seite 126: Martin Schweser
Seite 133: Melina
Seite 138: links – Stefan Gregorowius
Mitte – Melina
rechts – Michael Döring
Seite 142: Alexander Stark
Seite 146: links – Nico
rechts – Michael Döring
Seite 182: rechts – Thomas Sonnenburg
Seite 186: René Niemann